# Pola Polarisasi Pendapatan Di Utara Semenanjung Malaysia

**Noraniza Yusoff**

# Hak Cipta

Title: **Pola polarisasi pendapatan di Utara Semenanjung Malaysia**

Author: **Noraniza Binti Yusoff**

Cover design: **Mohsen Rahmandoust**

Publisher: **Supreme Art**, Reseda, CA, USA

ISBN-13: **978-1942912194**

Library Congress Control Number: **2018906269**

# Prakata

Keluasan fizikal kawasan bandar berkembang lebih cepat daripada populasi bandar menunjukkan bahawa dunia akan memerlukan lebih banyak tanah untuk membina bandar dan membekalkan penggunaan bandar disebabkan populasi bandar terus meningkat. Kenyataan ini adalah dikemukakan oleh Karen C. Seto, Susan Parnell dan Thomas Elmqvist dalam tulisan bertajuk "A global outlook on urbanization" pada tahun 2013. Proses perbandaran pada hari ini dari segi kepentingan adalah berbeza dari transformasi bandar pada masa dahulu seperti skala perbandaran yang merujuk kepada saiz bandar, kadar perbandaran yang merujuk kepada penyusunan bandar dan perubahan geografi perbandaran. Bandaraya pada hari ini adalah lebih besar berbanding bandar dalam masa dahulu terutamanya dari segi saiz populasi.

Pada tahun 1900, tidak terdapat bandar yang mempunyai jumlah penduduk sebanyak 10 juta orang walau bagaimanapun pada hari ini terdapat 19 aglomerasi bandar yang mempunyai populasi 10 juta orang atau lebih. Sebagai contohnya Bandaraya Tokyo-Yokohama mempunyai populasi hampir 40 juta orang yang mengalami pertambahan saiz fizikal bandar yang sangat penting iaitu keluasan sebanyak 13,500 km$^2$. Keluasan Bandaraya Tokyo-Yokohama adalah lebih besar dari keluasan negara Jamaica (keluasan 11,000 km$^2$). Bermula tahun 1800 apabila penduduk dunia adalah sekitar satu bilion, Beijing adalah satu-satunya bandar yang mempunyai populasi satu juta orang. Pada masa kini, terdapat kira-kira 400 bandaraya yang mempunyai populasi melebihi satu juta orang. Perbandaran menjadi suatu yang penting pada masa kini khususnya pada abad ke 21 dan tumpuan kepada aspek perbandaran dapat ditunjukkan melalui usaha untuk mencipta indikator yang dapat mengukur julat aspek-aspek yang berkaitan dengan bandar.

# Pengenalan

Populasi adalah dikelompokkan ke dalam kumpulan yang bersaiz secara signifikan iaitu setiap kelompok adalah sangat serupa dari segi sifat-sifat ahli-ahli tetapi kumpulan berbeza mempunyai ahli dengan sifat-sifat yang sangat berbeza. Dalam situasi ini masyarakat dikatakan sebagai terpolar. Ilmu pengetahuan berkenaan dengan darjah pengelompokan atau polarisasi mengemukakan lebih banyak maklumat berbanding dengan ketidaksamaan. Polarisasi adalah satu dimensi dalam taburan pendapatan yang telah dikaji sejak sepuluh tahun yang lepas. Konsep ini adalah merujuk kepada perbezaan antara kumpulan yang secara dalaman bersifat homogen dan semakin berbeza di kalangan kumpulan. Polarisasi dan ketidaksamaan adalah berbeza walaupun dimensi berkaitan dalam taburan sama. Analisis polarisasi boleh melengkapkan kajian berkenaan ketidaksamaan. Ukuran polarisasi pendapatan boleh dikelaskan kepada dua set utama iaitu pertama adalah pemboleh ubah diskret yang dikenali sebagai polarisasi melalui ciri-ciri manakala yang kedua dipanggil sebagai polarisasi pendapatan tulen.

# Penghargaan

Penulis ingin mengucapkan terima kasih kepada Kementerian Pengajian Tinggi dalam membiayai kajian ini di bawah Geran Penyelidikan *Fundamental Research Grant Scheme* (FRGS) kod SO 13228 dan Pusat Pengurusan Penyelidikan Dan Inovasi, Universiti Utara Malaysia, Kedah untuk pentadbiran kajian ini.

# Sinopsis

Polarisasi pendapatan bermaksud pendapatan dalam keadaan dua kecenderungan atau prinsip yang bertentangan iaitu maksud polarisasi ialah pengeluaran penyataan dua prinsip atau kecenderungan yang bertentangan antara satu sama lain. Buku ini megemukakan sebahagian daripada keputusan kajian berkenaan pola polarisasi pendapatan yang dihasilkan melalui geran penyelidikan yang telah dijalankan. Kajian tersebut bertujuan untuk menghasilkan penjelasan menggunakan pendekatan kuantitatif untuk pengutipan data primer yang menerangkan peranan perbandaran dalam menangani polarisasi pendapatan di Wilayah Utara Semenanjung Malaysia merangkumi kawasan Sungai Petani dan Georgetown di Timur Laut Pulau Pinang serta Ipoh di kawasan Kinta, Perak yang merupakan Zon Perancangan Lembah Kinta. Keputusan kajian bagi latar belakang responden menunjukkan median pendapatan adalah kurang dari RM1000. Oleh itu, majoriti responden adalah tergolong dalam kategori pendapatan kurang dari RM1000. Keputusan kajian menunjukkan berlaku pertambahan polarisasi pendapatan yang memberi kesan ke atas isi rumah di bawah median berdasarkan item dalam borang soal selidik.

# Isi Kandungan

| | | |
|---|---|---|
| Hak Cipta | | ii |
| Prakata | | v |
| Pengenalan | | vii |
| Penghargaan | | ix |
| Sinopsis | | xi |
| Isi Kandungan | | xiii |
| Bab 1 | Pengenalan | 1 |
| Bab 2 | Latar belakang Idea Polarisasi Pendapatan | 24 |
| Bab 3 | Demografi Penduduk | 34 |
| Bab 4 | Pola Polarisasi Pendapatan Di Utara Semenanjung Malaysia | 49 |
| Bab 5 | Impak Berpotensi Polarisasi Pendapatan, Cadangan Dan Rumusan | 66 |
| Bibliografi | | 73 |
| Indeks | | 80 |

# Bab 1
# Pengenalan

# Bab 1

# Pengenalan

**Pendahuluan**

Polarisasi pendapatan adalah merujuk kepada pendapatan dalam keadaan dua kecenderungan atau prinsip yang bertentangan berdasarkan definisi Dictionary.com (2018a) iaitu maksud polarisasi dari sumber tersebut ialah pengeluaran penyataan dua prinsip atau kecenderungan yang bertentangan antara satu sama lain Dictionary.com (2018b). Individu diterangkan mengikut unsur dalam set ciri-ciri atau sifat. Keadaan semasa berkenaan perhubungan dalam masyarakat boleh dirakam melalui satu taburan merentasi ciri-ciri atau sifat yang menerangkan pembahagian populasi yang sifat dalam mana-mana subset ciri-ciri. Populasi adalah dikelompokkan ke dalam kumpulan yang bersaiz secara signifikan iaitu setiap kelompok adalah sangat serupa dari segi sifat ahli tetapi kumpulan berbeza mempunyai ahli dengan sifat yang sangat berbeza. Dalam situasi ini masyarakat dikatakan sebagai terpolar. Ilmu pengetahuan berkenaan darjah pengelompokan atau polarisasi mengemukakan lebih banyak maklumat berbanding dengan ketidaksamaan (Esteban dan Ray, 1994).

Polarisasi adalah konsep yang ditakrifkan menerusi pembahagian pendapatan dan jelas bahawa bukan merupakan kerangka tradisional Fungsi Kebajikan Sosial jenis Bergson (Yitzhaki, 2010). Polarisasi dalam taburan pendapatan adalah satu isu yang seringkali dianalisis dalam penulisan dalam konteks ketidaksamaan pendapatan. Perhatian kajian adalah berkenaan kesan polarisasi ke atas pertumbuhan ekonomi. Polarisasi dalam taburan pendapatan adalah satu aspek transformasi yang berlaku di Poland selepas transisi. Implikasi dalam perubahan taburan pendapatan adalah ke atas situasi sosioekonomi subkumpulan dan keseluruhan populasi Poland (Kosny, 2012). Polarisasi pendapatan bandar adalah proses yang kompleks dan pelbagai scalar (Jones, 2014).

Polarisasi adalah satu dimensi dalam taburan pendapatan yang telah dikaji sejak sepuluh tahun yang lepas. Konsep ini adalah merujuk kepada perbezaan antara kumpulan yang secara dalaman bersifat homogen dan semakin berbeza di kalangan kumpulan. Polarisasi dan ketidaksamaan adalah berbeza walaupun dimensi berkaitan dalam taburan yang sama. Analisis polarisasi boleh melengkapkan kajian berkenaan ketidaksamaan. Ukuran polarisasi pendapatan boleh dikelaskan kepada dua set utama iaitu pertama adalah pemboleh ubah diskret yang dikenali sebagai polarisasi melalui ciri-ciri manakala yang kedua dipanggil sebagai polarisasi pendapatan tulen. Sebagai contohnya, polarisasi pendapatan mengikut kawasan iaitu kehidupan isi rumah adalah sebahagian dari set pertama manakala polarisasi pendapatan adalah individu mengenal pasti diri sendiri dengan individu dengan aras pendapatan yang serupa yang dikenali sebagai sebagai polarisasi pendapatan tulen (Viollaz, Olivieri dan Alejo, 2009). Pengukuran empirikal polarisasi perlu mengambil kira jarak antara kumpulan berkenaan pendapatan, keseragaman dalam ahli kumpulan berkenaan pendapatan dan saiz relatif dalam kumpulan (Keefer dan Knack, 2000).

Ukuran polarisasi pendapatan tradisional adalah secara tersirat atau secara eksplisit berasaskan andaian bahawa individu dikelompokkan sekitar aras pendapatan tertentu membentuk kumpulan yang kohesif (padat) yang mungkin secara berpotensi menunjukkan kekacauan ke dalam tindakan sosial atau pemberontakan. Pengukuran bipolarisasi tradisional adalah secara tersirat dibina di bawah andaian bahawa masalah dalam satu masyarakat dengan satu kemerosotan kelas menengah akan berpunca daripada kewujudan kelas-kelas kaya dan miskin yang besar dan kohesif. Berdasarkan indeks Reynal-Querol, kebanyakan indeks polarisasi pendapatan dan pengukuran Apouey adalah menunjukkan aras sama polarisasi (D'Ambrosio dan Permanyer, 2018).

Bi-polarisasi adalah merujuk kepada terdapat sebilangan individu yang sangat miskin tetapi wujud sebilangan individu yang kaya yang menunjukkan jurang antara golongan miskin dan kaya. Jurang tersebut menunjukkan secara jelas terdapat kelas menengah yang besar. Analisis bipolarisasi adalah berkaitan dengan kepentingan kelas menengah (Deutsh, Fusco dan Silber, 2013). Dalam kajian berkenaan polarisasi politik Lindqvist dan Ostling (2008) menyatakan bahawa kesan anggaran polarisasi adalah kukuh untuk mengawal ukuran pemecahan kerajaan. Ini menandakan bahawa polarisasi tidak mempengaruhi saiz kerajaan melalui mekanisma pemain veto. Bipolarisasi mengira aras polarisasi di dalam lapisan berbeza dalam masyarakat tetapi tidak menemui bahawa polarisasi di kalangan golongan miskin mempunyai hubungan lebih kuat dengan saiz kerajaan berbanding dengan polarisasi di kalangan golongan kaya. Palacios-Gonzalez dan Garcia-Fernandez (2018) menyatakan bahawa kajian literatur yang berkaitan dengan pengagihan pendapatan menunjukkan peningkatan minat dalam pengukuran polarisasi pendapatan sejak akhir abad yang lalu. Minat tersebut adalah didorong melalui evolusi dalam taburan pendapatan negara-negara berbeza, sebahagiannya sebagai satu akibat perubahan sosial dan teknologi.

Penumpuan pendapatan di kelas atasan adalah lebih besar di Amerika Syarikat berbanding dengan negara-negara maju yang lain bagi tahun 2000 hingga 2002. Polarisasi berlaku berterusan iaitu bahagian pendapatan bagi aras satu peratus teratas di New York termasuk tempoh selepas kemelesetan ekonomi berdasarkan anggaran bagi tempoh tahun 2010 hingga 2012. Terdapat pertumbuhan yang besar dalam ekonomi New York sejak 1990 iaitu kira-kira 2.9 peratus setiap tahun dan pencapaian pendidikan yang lebih tinggi tetapi adalah tidak bermakna kemiskinan lebih rendah atau gaji sebenar lebih tinggi atau pendapatan keluarga lebih tinggi untuk kebanyakan penduduk New York. Walau bagaimanapun, bahagian pendapatan di 5 peratus teratas dan purata Wall Street bertambah satu kali ganda. Manakala median sebenar pendapatan keluarga New York City adalah rata antara tahun 2000 dan tahun 2010, median pendapatan keluarga meningkat purata 55 peratus dalam lapan kejiranan pendapatan tinggi. Upah purata pekerja New York adalah tidak berpanjangan dengan produktiviti sejak sedekad yang lalu; keuntungan produktiviti telah meningkatkan keuntungan. Tidak berlaku pengurangan kemiskinan yang berterusan di New York City selama beberapa dekad atau sejak 30 tahun yang lepas. Sejak tahun 2008, pengangguran di New York City telah bertambah dengan mendadak manakala bilangan penerima *Temporary Assitance* adalah tidak berubah (Parrot, 2013).

Globalisasi adalah satu punca berlaku polarisasi (Burtless, 2007). Pertambahan dalam ketidaksamaan pendapatan di kalangan pekerja lelaki dan perempuan yang menjadi ketua isi rumah adalah satu alasan penting untuk peningkatan polarisasi pendapatan di Amerika Syarikat tetapi kemungkinan mengambil kira separuh atau kurang dari separuh dalam pertumbuhan ketidaksamaan pendapatan keseluruhan. Perubahan dalam komposisi keluarga, satu kenaikan mendadak dalam kolerasi pendapatan pasangan berkahwin dan faktor lain yang tidak berkaitan dengan globalisasi mengambil kira separuh atau lebih dari separuh pertumbuhan dalam ketidaksamaan sejak tahun 1979. Walaupun jika pertambahan dalam ketidaksamaan pendapatan orang Amerika yang bekerja disebabkan oleh perdagangan global, hanya kira-kira separuh dari pertambahan ketidaksamaan pendapatan boleh dijelaskan melalui pembangunan tersebut (Burtless, 2014).

Analisis polarisasi pendapatan memerlukan pembahagian pendapatan kepada tiga kumpulan iaitu kelas pendapatan rendah (pendapatan di bawah median), kelas pendapatan pertengahan (pendapatan dalam julat median) dan kelas pendapatan tinggi (pendapatan di atas median). Peningkatan dalam polarisasi pendapatan adalah berkaitan kepupusan kelas menengah. Julat indeks polarisasi Wolfson pada tahun 1994 ialah antara 0 (taburan sama rata secara sempurna) hingga 1 (taburan bimodal secara sempurna). Ukuran ketidaksamaan tidak mengeluarkan keputusan berkenaan aras polarisasi pendapatan. Dalam langkah pertama analisis polarisasi merangkumi pengiraan bahagian kelas pendapatan rendah, menengah dan tinggi (Saczewska-Piotrowska dan Wasowicz, 2017). Polarisasi merupakan pemboleh ubah sosial tambahan yang penting untuk menganalisis taburan pendapatan merentasi negara kerana mengutip maklumat berkenaan fenomena pengelompokan di sekitar kutub ekstrem. Polarisasi pendapatan boleh dikaitkan secara dekat dengan pengeluaran atau pengecualian sosial (Wang, Caminada, Goudswaard dan Wang, 2017).

Polarisasi pendapatan bermakna isi rumah yang kurang daripada pendapatan median mengalami lebih banyak kesulitan berbanding isi rumah yang mempunyai pendapatan lebih tinggi. Perbezaan antara isi rumah dalam kategori pendapatan terendah dan tertinggi agak ketara dengan isi rumah kurang pendapatan menunjukkan banyak kesulitan berbanding dengan isi rumah pendapatan tertinggi yang hanya mengalami sedikit masalah. Majoriti responden mempercayai polarisasi pendapatan dan kesan polarisasi pendapatan menyebabkan masalah yang serius kepada negara. Masalah golongan berpendapatan rendah dan pekerja kurang berpendidikan ialah mendapatkan latihan lanjutan dan penjagaan kanak-kanak serta orang tua yang tidak diramal dengan baik untuk negara dan mencadangkan peluang untuk mobiliti menaik yang pada masa kini wujud batasan yang serius (Weir, 2002).

Terdapat dua konsep asas dalam polarisasi pendapatan iaitu taburan bertambah dan bipolariti bertambah. Idea berkenaan taburan bertambah menunjukkan pergerakan dari kedudukan pertengahan (median) ke arah ekor (graf) taburan pendapatan dan menyebabkan taburan lebih terpolar. Satu kedudukan mengekalkan peningkatan pendapatan di atas median atau kedudukan mengekalkan penurunan pendapatan di bawah median yang akan meluaskan taburan iaitu meluaskan jarak antara dua kumpulan (di atas dan di bawah median) yang menyebabkan pertambahan darjah bipolarisasi. Situasi ini menunjukkan golongan kaya menjadi semakin kaya dan golongan miskin menjadi semakin miskin. Konsep bipolariti bertambah bermaksud bertentangan dengan kes pendapatan di bawah median atau pendapatan di atas median menjadi semakin dekat antara satu sama lain. Situasi ini dipanggil "penggugusan" dua kumpulan iaitu jurang antara pendapatan di bawah median (atau di atas median) telah menurun. Kes ini menunjukkan bipolarisasi bertambah. Mana-mana perubahan merosot iaitu perubahan dari orang miskin kepada individu yang lebih kaya akan meningkatkan ketidaksamaan dan darjah bipolarisasi meningkat apabila perubahan berlaku di sekitar median (jika wang dipindahkan daripada seorang individu dengan pendapatan di bawah median kepada seorang individu dengan pendapatan di atas median). Walau bagaimanapun, akan mengurangkan bipolarisasi jika perubahan berlaku pada bahagian median yang sama (jika wang adalah dipindahkan daripada seorang individu dengan pendapatan di bawah median kepada golongan yang lebih kaya yang kekal di bawah pendapatan median atau wang adalah dipindahkan daripada seorang individu dengan pendapatan di atas median kepada individu yang lebih kaya). Pendapatan median dianggap sebagai pertengahan atau kelas pertengahan (Biu.ac.il, 2018).

## Ulasan Karya

Tinjauan ke atas kajian terdahulu menunjukkan beberapa buah negara menjalankan kajian berkenaan polarisasi pendapatan bertujuan untuk menentukan aras polarisasi yang berlaku dalam masyarakat. Timberlake, Sanderson, Ma, Derudder, Winitzky dan Witkox (2012) sebagai contoh menggambarkan tenaga buruh yang digaji dalam negara dan kerajaan tempatan mempunyai kesan positif ke atas polarisasi pendapatan. Pemboleh ubah ini masih belum diformulakan teori dengan sepenuhnya dalam kesusasteraan di kawasan bandar berkenaan ketidaksamaan tetapi dijangka pekerjaan sektor awam mengatasi polarisasi pendapatan melalui meningkatkan peluang untuk mencapai pendapatan pertengahan. Bandaraya dengan pembahagian lebih tinggi dalam populasi yang digaji dalam negara dan kerajaan tempatan juga mempunyai aras polarisasi pendapatan berkaitan dengan segmen populasi pendapatan tinggi lebih kecil dan segmen pendapatan rendah lebih tinggi. Pada masa yang sama saiz pekerja relatif pekerja persekutuan sebagai satu bahagian tenaga buruh adalah mempunyai kesan yang tidak signifikan.

Pengelompokan berdasarkan pendapatan menunjukkan kelas pendapatan kaya melihat faedah/kelebihan relatif berbanding kelas pendapatan rendah menurun pada peringkat terawal hayat dan kekal stabil merentasi jangka hayat seterusnya. Pada akhir hirarki kelas pendapatan rendah mengalami perbaikan relatif dalam situasi pada awal fasa hayat dan tidak ada perubahan signifikan pada fasa akhir. Kelas pendapatan yang lain menunjukkan peringkat hayat adalah lebih penting. Pada peringkat terawal kelas lemah (tidak menentu) mengalami beberapa perbaikan dalam situasi manakala hasil untuk kelas pertengahan adalah kekal tidak berubah (Whalen, Russell dan Maitre, 2016).

Walaupun pertumbuhan sebenar yang berterusan melalui beberapa dekad yang lepas, pengurangan dalam kadar kemiskinan rasmi di Nigeria dan Ghana tidak mencapai jangkaan umum. Kekurangan pengurangan pantas dalam kemiskinan selain pertumbuhan signifikan dalam Keluaran Dalam Negara Kasar (KDNK) adalah mungkin disebabkan oleh pertambahan dalam ketidaksamaan. Nigeria dan Ghana mengalami perkembangan ekonomi yang terpantas sejak sebelum tahun 2015 di kawasan Sub Sahara Afrika dengan kadar pertumbuhan per kapita purata antara 5 peratus hingga 6 peratus. Dalam sepuluh tahun yang lepas kedua-dua negara tersebut berjaya mengurangkan kadar kemiskinan dalam jumlah yang besar. Di Nigeria, kadar kemiskinan dalam istilah per kapita menurun 10 peratus dari 46 peratus dalam tahun 2004 kepada 36.1 peratus pada tahun 2013 (Clementi, Molini dan Schettino, 2016).

Di Ghana, kemiskinan menurun daripada 28 peratus pada tahun 2005 kepada 21 peratus pada tahun 2013. Di kedua-dua negara, dalam sepuluh tahun yang lepas, pengurangan kemiskinan adalah tidak setara dengan pertumbuhan KDNK yang pantas. Berbanding dengan negara Sub Sahara Afrika yang lain dan negara berpendapatan sederhana rendah, pengurangan kemiskinan di Nigeria dan Ghana adalah kurang responsif kepada pertumbuhan ekonomi. Anggaran keanjalan pertumbuhan kemiskinan (*growth elasticity of poverty*/GEP) menandakan bagi setiap 1 peratus pertumbuhan dalam KDNK per kapita, kemiskinan menurun hanya 0.6 peratus di Nigeria dan 0.7 peratus di Ghana. GEP kedua-dua negara adalah separuh daripada purata negara Sub Sahara Afrika dan hanya ¼ daripada negara berpendapatan sederhana rendah. GEP juga lebih rendah berbanding dengan negara Afrika yang lain seperti Rwanda dan Ethiopia yang mengalami kadar petumbuhan tinggi dalam sepuluh tahun yang lepas. Tiga faktor yang menentukan responsif yang rendah dalam sepuluh tahun yang lepas. Pertama, kadar pertumbuhan tinggi diikuti oleh kadar tinggi secara relatif dalam pertumbuhan populasi. Populasi khususnya di Nigeria telah meningkat pada kadar purata 2.7 peratus dan kadar kesuburan kekal tinggi. Kedua, sepertimana ekonomi yang kaya sumber di negara sedang membangun, Nigeria dan Ghana menunjukkan kapasiti penyerapan buruh yang rendah. Ketiga, ketidaksamaan telah meningkat dan telah menghasilkan kesan negatif ke atas proses pengurangan kemiskinan; di Nigeria hanya separuh pertumbuhan penggunaan per kapita boleh ditukarkan menjadi pengurangan kemiskinan dan di Ghana hanya 70 peratus (Clementi et al. 2016).

Jika taburan perbandingan dan rujukan mempunyai median yang berbeza, "kesan lokasi" adalah bertambah (berkurang) dalam *relative data/realization* jika median taburan perbandingan ialah lebih tinggi (lebih rendah) berbanding dengan taburan rujukan. Istilah yang kedua adalah "kesan bentuk" mewakili ketumpatan relatif bersih dalam kesan lokasi dan adalah berguna untuk mengasingkan pergerakan (pengagihan semula) berlaku antara populasi rujukan dan perbandingan. Pengkaji boleh melihat fungsi kesan bentuk dengan beberapa jenis (songsang) pola berbentuk U jika taburan perbandingan adalah secara relatif (kurang) lebih tersebar sekitar median berbanding lokasi diselaraskan. Adalah wajar untuk menentukan sama ada terdapat polarisasi dalam taburan pendapatan (penurunan), kenaikan atau penumpuan pendapatan ke arah median (Clementi et al. 2016).

Ketidaksamaan telah meluas sejak dua tahun kebelakangan ini di kebanyakan negara maju dengan itu meneruskan arah aliran yang mendahului permulaan krisis kewangan global; manakala arah aliran bertentangan adalah ditinjau di negara sedang membangun dan negara membangun. Negara kumpulan pendapatan sederhana telah menyusut di kebanyakan negara maju sejak beberapa dekad yang lepas manakala kumpulan pendapatan pertengahan ini telah berkembang dengan pesat dalam ekonomi negara sedang membangun. Walau bagaimanpun, penelitian yang mendalam menunjukkan kemajuan masih lemah kerana masih wujud golongan miskin dan golongan lemah dalam kebanyakan penduduk. Bukti juga menunjukkan satu perluasan ketidaksamaan pendapatan disebabkan keadaan terhenti selepas krisis. Tambahan lagi, terdapat bukti pertambahan polarisasi dalam gaji yang menunjukkan wujud kekosongan (lompang) di tengah taburan gaji. Polarisasi pendapatan adalah diukur melalui membandingkan penerima gaji median dengan kumpulan penerima gaji tertinggi dan terendah. Nisbah penerima median kepada penerima gaji terendah 10 peratus adalah merosot atau kekal antara sebelum dan selepas krisis dalam 20 daripada 25 negara yang mempunyai data. Di Greek (*Greece*) menunjukkan polarisasi gaji dalam ekonomi apabila ketidaksamaan gaji adalah berkurang/merosot dan berlaku pemampatan (*compression*) pendapatan relatif penerima pendapatan pertengahan disebabkan oleh keadaan pekerjaan yang semakin lemah serentak dengan pemotongan gaji sektor awam tetapi merupakan pertambahan dalam pendapatan relatif yang terbaik dibayar (Richiardi, Corley-Coulibaly dan Kashef, 2013).

Gasparini, Horenstein, Molina dan Olivieri (2008) menggambarkan bahawa Amerika Latin adalah dicirikan oleh satu aras tinggi polarisasi pendapatan. Secara purata, polarisasi pendapatan sedikit meningkat di kawasan kajian dalam tempoh yang dikaji. Purata pekali Gini China dalam 10 tahun kebelakangan ini adalah 0.482 manakala 27 negara *European Union* (EU) adalah 0.305. Ini bermakna bahawa pekali Gini China adalah 58 peratus lebih tinggi daripada negara EU. Tambahan lagi, pekali Gini China adalah 67 peratus lebih tinggi daripada German. Pekali Gini di negara Eropah utara dan barat adalah umumnya di bawah purata EU iaitu 0.305, kecuali Britain di bawah model Anglo-Amerika (0.326). Walau bagaimanapun di negara Eropah selatan dan timur, pekali Gini lebih tinggi daripada purata EU, kecuali Republik Czech dan Hungary. Republik Czech (0.251) adalah bersamaan dengan aras terendah di Eropah barat, Hungary (0.269) adalah bersamaan dengan aras terendah di Eropah barat, tetapi lebih rendah daripada aras purata ketidaksamaan China (0.482) (Han, Zhao dan Zhang, 2016).

## Polarisasi Pendapatan

Polarisasi adalah satu konsep yang berbeza daripada ketidaksamaan yang boleh dikesan melalui faktor sosial, ekonomi dan politik. Taburan ciri-ciri individu yang dianggap sebagai terpolar adalah mempunyai aspek iaitu aras tinggi homoginiti di dalam setiap kumpulan; aras tinggi heteroginiti antara kumpulan dan bilangan yang kecil dalam kumpulan besar. Pada umumnya, kumpulan yang bersaiz minimum seperti seorang individu harus mempunyai pengaruh yang sedikit ke atas kumpulan secara keseluruhan (Horenstein dan Olivieri, 2004). Pandangan ini adalah berkaitan idea Esteban dan Ray (1994) yang mendefinisikan kumpulan pendapatan pertengahan adalah tidak mudah kerana memerlukan beberapa aspek iaitu menentukan selang relatif atau mutlak untuk digunakan dan penentuan ini adalah merupakan satu masalah apabila mengukur kemiskinan. Walau bagaimanapun tidak terdapat persetujuan dalam ulasan karya berkenaan dua aspek berikut (Richiardi et al. 2013):

a. Ukuran relatif yang menandakan bahagian penduduk yang hidup dengan pendapatan sekitar peratusan median tertentu yang lebih diterima untuk negara maju.

b. Ukuran mutlak yang menandakan peratusan penduduk yang hidup pada asas lebih atau kurang daripada jumlah wang tertentu per sehari adalah diterima untuk negara sedang membangun.

Definisi kemiskinan yang wajar di negara sedang membangun adalah sebagai tidak mempunyai akses kepada makanan asas dan barangan bukan makanan, manakala di negara maju barangan yang hanya memenuhi keperluan asas adalah tidak dipertimbangkan sebagai satu indikator kemiskinan yang baik (Richiardi et al. 2013). Populasi individu boleh dikelompokkan berdasarkan beberapa vektor ciri-ciri ke dalam kelompok yang sangat serupa dari segi sifat ahli tetapi kelompok berbeza mempunyai ahli dengan sifat yang sangat berbeza. Dalam hal ini dapat dikatakan bahawa masyarakat adalah terpolarisasi. Polarisasi berkait rapat dengan masalah yang berlaku dalam masyarakat seperti konflik dan ini boleh dibuktikan melalui sifat asas seperti pendapatan serta kekayaan iaitu masyarakat yang dibahagikan ke dalam kumpulan dengan kesamaan dalam kumpulan yang sangat besar dan kepelbagaian antara kumpulan (Esteban dan Ray, 1994).

Oleh itu, kesamaan dalam masyarakat seperti ini adalah rendah. Terdapat banyak ilmu pengetahuan fenomena sosial dan ekonomi berkenaan darjah pengelompokan atau polarisasi boleh memberi banyak penjelasan berbanding ukuran ketidaksamaan. Dalam bidang Sains Sosial yang lebih luas terdapat persoalan sosial atau masalah penting berkenaan ras, agama, puak dan konflik nasionalistik yang dengan jelas mempunyai pertalian dengan pengelompokan sifat berbanding ketidaksamaan taburan merentasi populasi. Setiap masyarakat boleh dianggap sebagai penggabungan kumpulan iaitu dua orang individu yang menjadi ahli kumpulan yang sama dan dari kumpulan yang berbeza adalah relatif berbeza bagi set sifat atau ciri-ciri. Polarisasi dalam satu taburan sifat individu perlu menggambarkan ciri-ciri asas berikut (Esteban dan Ray, 1994):

1. Harus ada darjah tinggi dalam keseragaman di dalam setiap kumpulan.
2. Harus ada darjah tinggi kepelbagaian merentasi kumpulan.
3. Harus ada satu bilangan kecil kumpulan bersaiz besar secara signifikan. Khususnya, kumpulan dalam saiz yang tidak penting seperti individu terpencil yang membawa sedikit nilai/kepentingan.

Duclos, Esteban dan Ray (2004) membangunkan teori pengukuran polarisasi iaitu polarisasi pendapatan boleh dijelaskan menggunakan fungsi ketumpatan. Teorem utama secara berbeza mencirikan satu pegukuran kelas polarisasi yang sesuai dengan kerangka pengasingan identiti dan secara serentak memenuhi satu set aksiom (Duclos et al. 2004).

10

Bomsdorf dan Otto (2007) membangunkan satu ukuran polarisasi untuk taburan diskret data berkumpulan bukan negatif. Pengukuran mengambil kira saiz relatif dan keseragaman kumpulan individu serta kepelbagaian antara semua pasangan kumpulan. Andaian yang digunakan adalah polarisasi total di dalam taburan yang boleh difahami sebagai satu fungsi polarisasi antara semua pasangan dalam kumpulan. Ukuran membenarkan maklumat kumpulan sedia ada di dalam satu populasi digunakan secara langsung untuk menentukan darjah polarisasi. Oleh itu impak pelbagai pengkelasan berkenaan darjah polarisasi boleh dianalisis. Strategi untuk mengatasi taburan polarisasi total sebagai satu fungsi polarisasi berpasangan membenarkan penyataan berkenaan kesan ke atas pasangan individu atau satu kumpulan ke atas polarisasi total.

Ukuran Esteban dan Ray (1994) atau disingkatkan sebagai ER digunakan kerana titik permulaan idea pengenalpastian dalam kumpulan dan pengasingan antara kumpulan. Taburan adalah diandaikan mengalami pengelompokan awal ke dalam kelas pendapatan dalam satu cara yang individu dalam setiap kelas dikenal pasti melalui ahli kelas dan merasa terasing dengan ahli dalam kelas yang lain. Polarisasi adalah dilihat sebagai beberapa pertambahan fungsi dalam dua ciri-ciri tersebut.

Bilangan penduduk berpendapatan pertengahan di Bandaraya Toronto telah merosot sebanyak 34 peratus antara tahun 1970 dan tahun 2000. Penurunan ini adalah disebabkan berlaku peningkatan kawasan kejiranan berpendapatan rendah. Kawasan kejiranan berpendapatan rendah dan sangat berpendapatan rendah bertambah dari 19 peratus dalam bandaraya kepada 50 peratus dalam bandaraya merentasi tempoh masa 30 tahun. Penduduk yang mempunyai purata pendapatan kurang dari 60 peratus purata *Census Metropolitan Area* (CMA) bertambah dari 1 peratus ke 9 peratus kejiranan bandaraya. Kejiranan yang mempunyai pendapatan lebih besar dari 40 peratus purata CMA bertambah dari 7 peratus kepada 13 peratus. Kejiranan berpendapatan menengah menjadi kelompok minoriti dan separuh daripada kejiranan bandaraya adalah berpendapatan rendah. Penurunan bilangan kejiranan berpendapatan rendah juga telah berlaku di kawasan CMA Toronto yang lain iaitu termasuk perbandaran subbandar sekitar bandaraya, secara kolektif dirujuk kepada kod kawasan sebagai wilayah 905. Dalam tahun 1970 majoriti iaitu 86 peratus kejiranan di subbandar sekitar Bandaraya Toronto (bahagian selebihnya dalam CMA Toronto) adalah dalam kumpulan berpendapatan pertengahan. Walau bagaimanapun, kejiranan dengan pendapatan purata lebih tinggi juga menjadi lebih pelbagai bertambah dari 13 peratus kepada

19 peratus. Golongan penduduk berpendapatan menengah dalam bandaraya tidak berpindah ke luar subbandar (Hulchanski, 2007).

Mengekalkan tahap awal polarisasi ekonomi dan ketidaksamaan kekayaan menunjukkan bahawa polarisasi sosioekonomi lebih tinggi meningkatkan pendapatan seterusnya dan ketidaksamaan kekayaan (Mogues dan Carter, 2005). Polarisasi ekonomi di kalangan wilayah berbeza adalah fenomena umum dalam ulasan karya dan terhasil di dalam pertumbuhan yang tidak samarata serta ketidaksamaan pendapatan di dalam wilayah. Ahli ekonomi menunjukkan bahawa apabila ekonomi mencapai pertumbuhan yang lebih tinggi, penduduk menganggap bahawa secara langsung akan menjadi lemah (*trickle down*) kepada golongan miskin (Acharya, 2015).

Gigliarano dan Muliere (2012) memfokuskan kepada satu kelas baru dalam ukuran polarisasi adalah diperolehi secara yang tidak dapat disangkal. Konsep polarisasi adalah dikenal pasti dengan penurunan kelas menengah. Definisi kelas menengah dikembangkan kepada kerangka yang lebih realistik iaitu kelas menengah adalah didefinisikan dari segi interval (selang) pusat dan bukan pendapatan median. Polarisasi diukur sebagai kehadiran kutub yang terpisah dengan baik dan sebagai penyebaran di dalam kelas menengah. Kelas baru dalam indeks ini boleh dilihat sebagai satu generalisasi ukuran yang sedia ada dalam polarisasi pendapatan. Pendekatan baru adalah ditunjukkan dengan kaedah yang diaplikasi di negara Eropah. Memantau darjah polarisasi dalam satu taburan pendapatan yang telah ditetapkan biasanya bermakna mengukur proses golongan miskin menjadi miskin dan golongan kaya menjadi kaya serta jarak antara dua kumpulan. Semakin jauh jarak antara dua kumpulan maka semakin berpadu/kohesif di dalam kumpulan dan semakin sukar untuk berkomunikasi serta berinteraksi antara kumpulan.

Kelas menengah harus didefinisikan dalam cara yang lebih wajar. Pada umumnya meluaskan definisi kelas menengah daripada pendapatan median ke selang/interval dalam pendapatan yang terdapat di sekitar median. Ciri-ciri yang tidak dapat disangkal dalam indeks kelas baru berdasarkan kepada dua set utama dalam aksiom (Gigliarano dan Muliere, 2012):

a. Aksiom invarian
b. Aksiom polarisasi

Cara untuk menunjukkan kegunaan ukuran kelas baru, perlu menunjukkan sifat aplikasi empirikal kepada data *European Survey on Income And Living Conditions* (EU-SILC) untuk pemilihan negara Eropah iaitu Austria, Belgium, Perancis, Itali, Norway, Portugal, Sepanyol dan Sweden dalam tahun 2004 hingga 2007. Aplikasi empirikal menunjukkan kegunaan indeks polarisasi kerana ukuran baru mendedahkan maklumat tambahan merentasi indikator polarisasi yang sedia ada dalam ulasan karya (Gigliarano dan Muliere, 2012).

Kelas baru ukuran polarisasi pendapatan adalah berbeza dengan ukuran polarisasi tradisional berdasarkan pendekatan Wolfson. Definisi kelas menengah dalam kelas baru ukuran polarisasi pendapatan adalah luas dan lebih kepada cara yang realistik iaitu berdasarkan kepada selang pendapatan median dan bukan pendapatan median. Kelas indeks telah dicirikan melalui satu set aksiom yang sebahagiannya adalah berdasarkan kepada pengubahsuaian dan penyambungan pemindahan Pigou-Dalton. Kelas yang dicadangkan adalah satu generalisasi dalam indeks polarisasi sedia ada. Aplikasi empirikal telah menunjukkan kegunaan indeks polarisasi dalam pendedahan maklumat tambahan melebihi ukuran polarisasi pendapatan tradisional. Oleh itu dicadangkan untuk menggunakan kelas baru ukuran polarisasi pendapatan bersama dengan ukuran tradisional untuk menjalankan analisis polarisasi yang lebih menyeluruh (Gigliarano dan Muliere, 2012).

Set aksiom mengkhusus kepada pengukuran polarisasi dan mempunyai keupayaan untuk mengariskan ciri-ciri utama dalam fenomena tersebut. Dalam aksiom ini, polarisasi adalah dipengaruhi oleh (Gigliarano dan Muliere, 2012):

a. Penyebaran dalam pendapatan di dalam kumpulan miskin dan di dalam kumpulan kaya.

b. Jarak antara dua kumpulan.

c. Perpaduan di dalam kelas menengah.

Aksiom (a) memerlukan satu pengelompokan dalam pendapatan bawah atau atas kelas menengah yang menyebabkan satu taburan sekurang-kurangnya terpolarisasi seperti sebelumnya. Ini bermakna bahawa sekiranya pendapatan menjadi lebih serupa di dalam kumpulan kaya dan kumpulan miskin maka kedua-dua kumpulan menjadi lebih berpadu dari segi kepentingan sosioekonomi serta mungkin membangunkan satu pengaruh yang lebih kuat dalam membuat keputusan yang memberi kesan kepada keseluruhan masyarakat (Gigliarano dan Muliere, 2012).

Secara umum, idea berkenaan polarisasi adalah dilihat melalui menjelaskan proses pembentukan kumpulan dalam satu masyarakat. Polarisasi membicarakan pembinaan kelompok homogen yang bertentangan antara satu sama lain. Polarisasi maksimum adalah dicapai jika separuh populasi adalah tidak mempunyai wang langsung manakala kumpulan yang lain berkongsi pendapatan total secara samarata. Situasi ini diketahui secara umum sebagai satu potensi tinggi untuk kekacauan politik dalam masyarakat terpolarisasi. Kes ekstrem dalam polarisasi total adalah sangat tidak mungkin berlaku. Penyelidikan berkenaan polarisasi adalah pada umumnya didorong oleh keinginan untuk mengesan dan meramalkan kebarangkalian untuk konflik sosial serta kecenderungan revolusi. Konflik sosial kemungkinan bertambah jika kumpulan minoriti etnik membentuk kumpulan homogen menghalang kelompok lain. Perbezaan ras, agama dan status sosial menyebabkan tekanan jika perbezaan semakin besar merentasi masa (Schmidt, 2018).

Pendorong polarisasi menandakan berlaku kepelbagaian merentasi pelbagai sub tempoh masa khususnya dari segi magnitud, ciri-ciri isi rumah, pencapaian pendidikan dan akses kepada infrastruktur asas yang semuanya cenderung meningkat merentasi masa dalam saiz taburan penggunaan serta kesan darjah polarisasi. Pemboleh ubah kawasan dan bandar luar bandar mula memberi kesan yang kuat ke atas polarisasi di dalam tempoh sepuluh tahun yang lepas. Dari segi perspektif dasar memberi tumpuan kepada impak pro polarisasi dalam pemboleh ubah cenderung berubah secara perlahan merentasi masa (Clementi et al. 2016).

Sebarang peningkatan penting dalam ketidaksamaan ekonomi dan polarisasi terhasil dalam pengecualian atau pengeluaran kumpulan khusus, masyarakat dan kejiranan dari faedah normal serta peluang dalam kehidupan bandar. Ketidaksamaan ekonomi dan polarisasi mengeluarkan pengecualian sosial serta ruang seterusnya mengasingkan penduduk dalam kumpulan tertentu daripada penyertaan dalam rutin normal atau asas dalam ekonomi, sosial, politik dan kebudayaan hidup sehari-hari. Pemisahan adalah ruang dan sosial (Hulchanski dan Murdie, 2013).

Kajian memfokuskan kepada pandangan institusi ke atas arah aliran polarisasi pendapatan negara Amerika Syarikat. Berbeza dengan gelombang industri terdahulu, revolusi industri semasa dan yang sedang berjalan adalah dicirikan oleh penggantian "kepupusan kreatif" dengan pertumbuhan golongan menganggur. Selain menggantikan pekerjaan yang hilang dengan pekerjaan yang baru, teknologi yang menimbulkan gangguan yang baru menghilangkan lebih banyak pekerjaan dalam buruh tradisional dan sektor insentif modal berbanding mencipta pekerjaan dalam sektor intensif idea baru. Melalui mengkaji hubungan antara syer pendapatan golongan 50 peratus ke bawah, pertengahan 40 peratus dan atas 20 peratus serta kemajuan teknologi pengkaji memperolehi keputusan ekonometrik yang kuat berdasarkan polarisasi pendapatan di negara Amerika Syarikat iaitu pekerja boleh dikaitkan dengan peralihan aktiviti penyelidikan dan pembangunan dari sektor awam ke sektor korporat. Penumpuan inovasi melalui modal korporat membataskan kuasa masyarakat untuk mengurangkan ketidaksamaan dan menyediakan kestabilan sosial lebih besar melalui "produktiviti yang luar biasa" dalam kemajuan teknologi (Josifidis dan Supic, 2018).

Polarisasi dalam konteks taburan pendapatan adalah merujuk kepada kemerosotan kelas menengah. Masa penguraian polarisasi telah mencadangkan bahawa penurunan pendapatan purata relatif kepada median kumpulan pendapatan yang lebih tinggi dan penurunan di dalam ketidaksamaan kumpulan bagi kedua-dua kumpulan pendapatan lebih rendah dan lebih tinggi adalah di kalangan faktor utama menyumbang kepada perubahan dalam polarisasi merentasi masa di Pakistan. Konsep polarisasi memfokuskan kepada penurunan kelas menengah dalam populasi seperti mengukuhkan atau melemahkan kelas menengah. Kelas menengah adalah peserta penting dalam aktiviti ekonomi kerana kebanyakan agen pembangunan adalah berada dalam kelas menengah. Kajian berkenaan ekonomi dari pelbagai aspek mengenai taburan pendapatan menjadi rumit untuk mengukur polarisasi bagi menghasilkan pandangan komprehensif berkenaan aspek taburan dalam pendapatan. Konsep polarisasi adalah sangat penting dari perspektif dasar kerana perbezaan yang bertambah atau polariti dalam kumpulan pendapatan yang akan menyebabkan konflik sosial dan kekacauan. Masa penguraian polarisasi merujuk kepada fenomena iaitu perubahan dalam polarisasi merentasi masa adalah terurai ke dalam komponen berbeza untuk melihat sumbangan faktor berbeza semasa membawa perubahan dalam polarisasi (Duro, 2005).

Peningkatan ketidaksamaan di negara berpendapatan tinggi mungkin membataskan pergerakan ekonomi untuk generasi akan datang di kalangan golongan muda. Interaksi antara keluarga, pasaran buruh, dan dasar awam adalah menstrukturkan peluang kanak-kanak serta menentukan takat pendapatan golongan dewasa berkaitan dengan latar belakang keluarga tetapi proses ini adalah berbeza merentasi konteks kebangsaan. Proses ini menurunkan darjah pergerakan pendapatan untuk generasi seterusnya bagi zaman akan datang negara Amerika Syarikat yang menjadi lebih polarisasi dalam pasaran buruh. Bukti yang dihasilkan pada masa kini mencadangkan bahawa lebih banyak ketidaksamaan pendapatan dalam tempoh masa kini adalah kemungkinan menyebabkan latar belakang keluarga memainkan peranan yang lebih kuat dalam menentukan pendapatan golongan dewasa (di kalangan golongan muda) (Corak, 2013). Polarisasi pendapatan menyediakan maklumat berkenaan kutub taburan pendapatan. Walau bagaimanapun maklumat berkenaan isu polarisasi pendapatan adalah sedikit. Pendapatan pasaran mempunyai kesan positif ke atas polarisasi pendapatan yang tidak diimbangi oleh kesan manfaat sosial dan cukai (Wang, Caminada dan Wang, 2017).

15

Penerima pendapatan rendah boleh dibahagikan kepada dua kategori iaitu penerima pendapatan rendah yang tidak mempunyai pekerjaan dan penerima pendapatan rendah yang bekerja. Penerima pendapatan rendah adalah satu istilah relatif dan untuk mengenal pasti penerima pendapatan rendah, yang perlu difahami adalah berkenaan lokasi, kos sara hidup, status pekerjaan individu serta ciri-ciri perbelanjaan di dalam ekonomi pasaran bebas. Dalam hal ini, penerima pendapatan rendah adalah dilihat sebagai satu individu yang pendapatan adalah rendah dan tidak dapat memenuhi kebanyakan keperluan asas. Penerima pendapatan rendah adalah pekerja perkhidmatan awam, pedagang dan tukang. Penerima pendapatan rendah termasuk penerima upah seperti pekerja kilang, pekerja pembinaan separuh mahir dan tidak mahir serta pekerja baru atau kakitangan pertengahan yang ditemui dalam pertubuhan kerajaan dan swasta. Kebanyakan pekerja adalah tidak disediakan dengan tempat tinggal. Pekerja tinggal jauh dari tempat kerja dan elaun pengangkutan yang diterima adalah tidak mencukupi untuk membayar kos ulang alik ke tempat kerja. Penduduk yang berpendapatan rendah adalah terdiri daripada individu yang bekerja sendiri seperti peniaga kecil, pemandu, tukang kayu, jurugambar dan individu lain yang terlibat dalam perniagaan skala kecil seperti petani, nelayan serta lain-lain. Kategori ini adalah terdiri daripada penduduk yang tinggal di bandaraya terutama di kawasan industri seperti Sharada di Kano, Kakuri di Kaduna dan Wadata di Makurdi (Onu dan Onu, 2018).

## Pengukuran Polarisasi Pendapatan

Penurunan kelas menengah berkaitan lebih taburan pendapatan bipolar apabila pengurangan kelas menengah berlaku bersama dengan peningkatan dalam kelas rendah dan tinggi. Indeks bipolarisasi Foster dan Wolfson yang diterbitkan pada tahun 1992 adalah berdasarkan kepada idea pergerakan jauh dari pertengahan melalui kenaikan taburan atau jarak lebih ekstrem dalam taburan pendapatan yang menyebabkan peningkatan dalam polarisasi. Indeks tersebut membahagikan taburan pendapatan dengan membentuk dua kumpulan pendapatan iaitu satu kumpulan adalah di atas median dan satu kumpulan yang lain adalah di bawah median. Pada masa kini, perhatian semakin meningkat ke atas ketidaksamaan dan polarisasi. Perkembangan kelas menengah adalah satu persoalan penting yang menyumbang kepada pengurangan ketidaksamaan dan kurang polarisasi. Dari perspektif sosial dan ekonomi kelas menengah boleh memainkan peranan penting dalam pembangunan negara demokratik kerana menyumbang syer penting dalam tenaga buruh serta berkait rapat dengan output negara dan menunjukkan sumber utama hasil cukai. Peningkatan dalam kelas menengah disebabkan oleh pengurangan kelas rendah dan atas boleh meningkatkan eksternaliti positif, mengurangkan ketidaksamaan pendapatan serta ketegangan sosial (Borraz, Gonzalez dan Rossi, 2013).

Ukuran ketidaksamaan adalah menyongsang dari purata dan menggambarkan sebaran dalam taburan tetapi tidak menunjukkan pengelompokan dalam taburan. Oleh itu ukuran polarisasi adalah sesuai. Polarisasi mengukur takat penumpuan individu dan kumpulan pada kutub tertentu dalam taburan. Bipolarisasi mengukur jarak antara dua kumpulan yang telah didefinisikan dari segi pemboleh ubah kardinal. Dua kumpulan adalah biasanya didefinisikan di atas dan di bawah dalam pertengahan taburan (*middle of the distribution*). Terdapat dua sifat ukuran bipolarisasi iaitu perubahan dalam sebaran dan perubahan dalam kedwikutuban (*bipolarity*). Peningkatan penyebaran merujuk kepada pergerakan jauh daripada pertengahan taburan iaitu sekiranya seorang individu dikelompok di bawah median adalah menunjukkan individu menjadi semakin miskin. Sekiranya individu berada di atas median individu menjadi semakin kaya. Pergerakan jauh akan meningkatkan jarak daripada pertengahan (bipolarisasi) dan jarak antara individu (ketidaksamaan). Peningkatan kedwikutuban (*bipolarity*) merujuk kepada pergerakan iaitu individu lebih kaya dan lebih miskin pada sisi median yang sama bergerak ke arah satu sama lain (Thampi dan Anand, 2017).

Ini mengakibatkan pengelompokan di kalangan bawah median atau di atas median. Pergerakan tersebut akan mengurangkan ketidaksamaan tetapi meningkatkan polarisasi. Sifat ini adalah perbezaan asas antara dua konsep. Sifat peningkatan kedwikutuban bermakna bahawa pemindahan progresif akan mengurangkan bipolarisasi hanya apabila berlaku merentasi pertengahan iaitu di atas median kepada di bawah median. Pemindahan progresif yang berlaku pada sisi median yang sama akan meningkatkan bipolarisasi. Mana-mana pemindahan progresif akan mengurangkan ketidaksamaan. Kajian ke atas bipolarisasi (di Asia Selatan) menggunakan Indeks Foster-Wolfson ke atas taburan kekayaan dan perbelanjaan penggunaan menunjukkan ketidaksamaan dalam taburan. Dalam taburan kekayaan berlaku pertambahan yang tinggi dalam bipolarisasi antara tahun 2002 dan 2012 serta pertambahan adalah secara relatif tinggi di kawasan bandar (Thampi dan Anand, 2017).

Peningkatan dalam bipolarisasi juga berlaku dalam taburan perbelanjaan penggunaan iaitu polarisasi perbelanjaan penggunaan meningkat lebih tinggi dalam tahun 1993 hingga 1994 dan tahun 2004 hingga 2005 yang disebabkan oleh kawasan bandar. Indeks Foster-Wolfson bertambah di kawasan bandar dan luar bandar tetapi takat pertambahan dalam kawasan bandar adalah lebih perlahan selepas tahun 2004 hingga 2005 berbanding tempoh masa terdahulu. Oleh itu berlaku pertambahan dalam penumpuan individu dan kumpulan dalam kedua-dua taburan. Sejak tahun 1991 berlaku pertambahan jurang ekonomi antara kumpulan pada semua sisi median. Arah aliran dalam semua indikator semakin meningkat. Polarisasi sosioekonomi menggunakan pemboleh ubah sosial untuk mengelompokkan populasi ke dalam kumpulan dan kemudian mengukur jarak antara kumpulan ini melalui pemboleh ubah ekonomi (Thampi dan Anand, 2017).

Dalam bentuk ini, sifat penyebaran meningkat dan bipolariti tidak berlaku. Kasta digunakan sebagai pemboleh ubah sosial dan mengukur jarak ekonomi melalui kekayaan serta perbelanjaan penggunaan. Tahap lebih besar dalam pengenalan akan meningkatkan polarisasi antara kumpulan. Unsur pengenalan dalam perbelanjaan penggunaan bertambah dalam dekad pertama tetapi menurun semasa dekad kedua. Dalam dekad kedua, unsur pengenalan dan pengasingan meningkatkan antara satu sama lain. Kumpulan sosial semakin dikenal pasti dengan ahli yang lain dalam kumpulan dan semakin bersama terasing daripada ahli dalam kumpulan lain dari segi perbelanjaan penggunaan. Polarisasi meningkat berterusan di kawasan bandar dengan satu peningkatan dalam bahagian ketidaksamaan antara kumpulan melebihi ketidaksamaan dalam kumpulan. Jurang ekonomi antara kumpulan sosial menjadi semakin meninggi di kawasan bandar selepas tahun 1991. Di kawasan luar bandar, berlaku ketidaksamaan dalam kumpulan yang meningkat berterusan manakala jurang antara kumpulan jatuh, menyebabkan penurunan dalam polarisasi luar bandar (Thampi dan Anand, 2017).

Walaupun terdapat peningkatan perhatian dalam polarisasi pendapatan di kalangan penyelidik di Nigeria terdapat kekurangan dalam ulasan karya berkenaan kewujudan di kalangan pelajar ijazah sarjana muda khususnya data primer. Taburan pendapatan terpolarisasi mempunyai potensi menghasilkan pergolakan sosial, bantahan atau demonstrasi. Polarisasi pendapatan dan ketidaksamaan menurun di kalangan pelajar antara dua tahun yang dikaji. Polarisasi pendapatan berkurang dari 0.2287 kepada 0.2058 manakala ketidaksamaan pendapatan berkurang 0.2402 kepada 0.1586. Polarisasi tertinggi dianggarkan 0.2117 berlaku antara lelaki dan perempuan. Dalam sesi tahun 2011/2012, perempuan terpolarisasi (0.2032) berbanding lelaki (0.1987) manakala manakala lelaki (0.1893) adalah terpolarisasi berbanding perempuan (0.1836) dalam sesi tahun 2012/2013 (Aderoju, Yusuf, Ogunyemi dan Yusuf, 2017).

Perkembangan polarisasi di Kongres Amerika adalah berkait rapat dengan peningkatan ketidaksamaan pendapatan. Model ekonomi politik piawai menunjukkan bahawa polarisasi sosioekonomi menyebabkan polarisasi politik melalui meningkatkan bahagian dalam pengundi iaitu ketidaksamaan mengeluarkan lebih banyak sokongan untuk politik kiri (Iversen dan Soskice, 2015). Sepanjang 25 tahun yang lalu telah berlaku perubahan besar dalam ekonomi dan sosial di Slovakia (Sipikalova, 2018). Pendekatan pelbagai aras (*multi-level*/multivariat) digunakan untuk menguji faktor polarisasi pendapatan di kalangan 300,000 isi rumah dan pada aras negara pada tahun 2003 hingga 2009. Di antara pemboleh ubah makro dasar, percukaian buruh progresif lebih tinggi dan percukaian modal pada takat tertentu adalah berkorelasi secara positif dengan aras lebih rendah polarisasi pendapatan. Perbelanjaan awam dalam perlindungan sosial, pendidikan dan subsidi ekonomi adalah berkorelasi pada darjah lebih rendah polarisasi. Pengangguran yang lebih rendah, asas industri yang lebih kuat dan lebih keterbukaan perdagangan adalah berkaitan aras lebih rendah polarisasi (Holzner, 2012).

Analisis polarisasi pendapatan antarabangsa boleh dijalankan melalui menggunakan beberapa indeks polarisasi dan data dari Jadual Penn World. Bukti empirikal mencadangkan bahawa polarisasi menunjukkan pola *curvilinear* dengan pertumbuhan pada peringkat awal dan diikuti dengan penurunan. Ketidaksamaan menunjukkan pola tempoh masa yang sama (Chakravarty dan D'Ambrosio, 2009). Menggunakan model data panel dinamik dan model lain untuk mengkaji hubungan antara polarisasi pendapatan bandar dan luar bandar serta pertumbuhan ekonomi pada peringkat wilayah dalam tempoh tahun 1995 hingga tahun 2010 di negara China. Darjah tertentu polarisasi pendapatan bandar dan luar bandar adalah berfaedah kepada pertumbuhan ekonomi pada peringkat wilayah. Walau bagaimanapun sumbangan polarisasi pendapatan bandar dan luar bandar kepada pertumbuhan ekonomi adalah kecil. Keputusan menunjukkan wujud korelasi positif antara polarisasi pendapatan bandar dan luar bandar serta pertumbuhan ekonomi (Chen dan Sun, 2014).

Bukti empirikal menunjukkan wujud hubungan positif antara ketidaksamaan pendapatan dan jenayah. Polarisasi taburan pendapatan adalah aspek penting dalam pemahaman insentif untuk aktiviti jenayah. Indeks polarisasi cenderung menjelaskan kuasa apabila fokus lebih kepada perasaan pengasingan dalam kelas pendapatan lebih rendah (Lee dan Shin, 2011). Berdasarkan data tinjauan isi rumah dan kerangka pengenalan serta pengasingan dalam analisis polarisasi yang dicadangkan oleh Esteban dan Ray serta bipolarisasi dicadangkan oleh Wolfson yang dipanggil sebagai analisis ke atas kelas menengah dalam taburan pendapatan di negara China serta meneroka faktor menunjukkan transisi pekerjaan dan ekonomi juga penting untuk memahami polarisasi di kawasan bandar (Chuliang, 2010). Perbezaan dalam polarisasi pendapatan melalui pengukuran indeks Duclos, Esteban dan Ray (2004) atau dipanggil sebagai DER dengan $\alpha = 1$ adalah secara statistik signifikan. Terdapat pertambahan signifikan secara statistik dalam polarisasi pendapatan antara tahun 2001 dan tahun 2007. Terdapat peningkatan sederhana dalam polarisasi pendapatan dalam julat 4.9 peratus hingga 6.5 peratus bergantung kepada parameter polarisasi (Brzezinski, 2011).

Empat ukuran ketidaksamaan dalam taburan pendapatan, sumber pendapatan, penggunaan dan simpanan untuk isi rumah penerima gaji dan upah di Korea. Taburan pendapatan menunjukkan perbaikan semasa awal tahun 1990an tetapi kemerosotan sederhana berlaku semasa tahun 1998 hingga 2005. Variasi ketidaksamaan pendapatan adalah berpunca daripada variasi ketidaksamaan gaji. Jurang pendapatan antara sepuluh peratus teratas dan sepuluh peratus terbawah telah meluas. Ketidaksamaan pendapatan dan polarisasi meningkat awal tahun 2000an. Walau bagaimanapun tidak terdapat bukti muktamad ditemui pada masa kini berkenaan arah aliran peningkatan polarisasi. Perbandingan antara indeks Gini dan purata pendapatan sebenar per isi rumah untuk Amerika Syarikat, Taiwan dan Korea dari tahun 1984 hingga tahun 2003 menunjukkan bahawa indeks Gini Korea adalah berbeza secara relatif. Empat ukuran ketidaksamaan digunakan adalah perwakilan berangka taburan pendapatan dan menekankan penyimpangan dari pendapatan purata di dalam satu populasi, mengabaikan pengelompokan di sekitar purata kawasan tempatan. Walaupun berkaitan ketidaksamaan, polarisasi adalah satu jenis khusus perubahan dalam taburan pendapatan (Kwack dan Lee, 2007).

Pertumbuhan ekonomi Korea dalam tiga dekad yang lepas adalah besar. Pendapatan pada semua aras adalah peningkatan manakala pendapatan pada aras lebih tinggi meningkat dengan pantas. Indeks Gini pendapatan kasar menurun antara tahun 1950an dan tahun 1970an serta arah aliran pembalikan berlaku dalam tahun 1997. Variasi ketidaksamaan pendapatan kasar adalah berkaitan variasi dalam ketidaksamaan gaji (Kwack dan Lee, 2007). Kelembapan dalam pertumbuhan dalam ketidaksamaan dan kadar pertumbuhan polarisasi bertambah setiap tahun. Kumpulan berpendapatan rendah dalam populasi menyumbang kepada polarisasi. Polarisasi bertambah di dalam setiap wilayah geografi (Horenstein dan Olivieri, 2004).

Perhubungan antara output agregat dan ketidaksamaan pendapatan adalah pusat dalam ekonomi makro. Ketidaksamaan pendapatan yang besar meningatkan pertumbuhan ekonomi di negara miskin dan mengurangkan pertumbuhan negara pendapatan tinggi serta menengah. Pengumpulan modal manusia adalah saluran penting yang menunjukkan ketidaksamaan pendapatan memberi kesan kepada pertumbuhan. Kebanyakan negara yang dikaji semasa tahun 1970 hingga tahun 2010 mengalami peningkatan ketidaksamaan pendapatan yang mengurangkan KDNK per kapita. Bagi satu peratus pertambahan dalam pekali Gini mengurangkan 1.1 peratus KDNK per kapita dalam tempoh lima tahun (Bruckner dan Lederman, 2015). Salah satu persoalan penting dalam pasaran buruh semasa adalah pekerjaan kategori pertengahan semakin berkurang. Pekerjaan berskala tinggi dicipta yang merupakan satu aspek penting dan pekerjaan berskala rendah yang perlu dilakukan secara tempatan kerana pekerjaan tersebut adalah dalam kategori perkhidmatan. Gaya hidup pendapatan pertengahan adalah semakin menjadi lebih sukar untuk dicapai tanpa ijazah di peringkat pengajian tinggi. Jurang dalam gaji antara taburan kemahiran tinggi dan taburan kemahiran rendah adalah semakin meluas. Pekerja dalam kumpulan kemahiran tinggi meningkatkan produktiviti. Teknologi dan globalisasi digunakan untuk melengkapkan tugas yang dilaksanakan (Leeds, 2012).

Peningkatan pengasingan pendapatan memberi kesan kepada kemampuan perumahan. Dalam kejiranan dengan peningkatan penumpuan isi rumah kaya, nilai harta meningkat lebih pantas berbanding dalam kejiranan yang tidak mengalami penumpuan tersebut. Situasi ini semakin sukar bagi isi rumah lebih miskin untuk hidup di kawasan tersebut. Dalam kejiranan dengan peningkatan penumpuan dalam isi rumah lebih miskin, nilai harta jatuh relatif kepada kejiranan lain. Penumpuan stok sewa adalah berkualiti lebih rendah di dalam kawasan tersebut. Lingkaran ini menyebabkan individu kekal berada dalam status pendapatan rendah dalam kejiranan tersebut dan menyediakan pilihan kepada golongan berpendapatan lebih tinggi (Waks, Dinca-Panaitescu dan Simone, 2016).

Wujud perbezaan pendapatan yang menyebabkan perubahan keseluruhan dalam sumber utama untuk menggalakkan output. Ini menunjukkan pengelompokan adalah berbeza tidak hanya merentasi pendapatan tetapi merentasi pemboleh ubah tambahan. Kajian ini membuat penilaian berkenaan polarisasi yang berpotensi dalam taburan bersama output dan penentu Solowian merentasi tempoh tahun 1960 hingga tahun 2000. Analisis campuran multivariat membincangkan bahawa tingkah laku taburan bersama adalah bertentangan kajian terdahulu yang memfokuskan kepada pemboleh ubah individu. Pandangan baru dihasilkan melalui penyelidikan univariat untuk mendokumenkan pelbagai komponen pengeluaran (Battisti dan Parmeter, 2018).

Polarisasi ekonomi adalah mefokuskan kepada pengangguran, jurang antara syarikat besar dan syarikat bersaiz kecil atau sederhana serta faktor negatif yang lain (Bu-hyoung dan Min, 2012). Semua ukuran polarisasi pendapatan utama diaplikasikan menggunakan *Cross-National Equivalent Files* daripada tahun 1984 hingga tahun 2000 untuk negara Jerman dan daripada tahun 1984 hingga tahun 1997 untuk negara Amerika Syarikat. Terdapat pertumbuhan ketidaksamaan dan polarisasi di negara Amerika Syarikat dalam pendapatan (selepas cukai dan pemindahan kerajaan). Keputusan bagi negara Jerman menunjukkan satu aras tetap ketidaksamaan dan polarisasi. Berbanding dengan negara Amerika Syarikat, Jerman mempunyai aras lebih rendah dalam ketidaksamaan pendapatan dan polarisasi (Schmidt, 2018).

Secara umumnya, penulisan berkenaan perubahan dalam polarisasi pendapatan adalah sedikit di seluruh dunia merentasi pelbagai tempoh masa terutamanya di negara Eropah. Maklumat berkenaan pendapatan pasaran dan sistem pemindahan cukai adalah tidak banyak yang menyumbang kepada perubahan polarisasi. Peningkatan polarisasi pendapatan telah dikaji di kawasan luar dan di dalam Eropah, walau bagaimanapun polarisasi masih belum diterokai sepenuhnya (Wang, Caminada, Goudswaard dan Wang, 2015).

## Kesimpulan

Secara asasnya, polarisasi merupakan satu istilah yang diberi maksud menerusi pembahagian pendapatan dan jelas bahawa bukan merupakan kerangka tradisional. Polarisasi dalam taburan pendapatan adalah satu isu yang seringkali dikaji pada masa kini. Ukuran polarisasi pendapatan tradisional adalah secara tersirat berasaskan andaian bahawa individu dikelompokkan sekitar aras pendapatan tertentu membentuk kumpulan yang padat secara berpotensi menghasilkan konflik dalam masyarakat. Kajian terdahulu menunjukkan beberapa buah negara menjalankan kajian berkenaan polarisasi pendapatan bertujuan untuk menentukan aras polarisasi yang berlaku dalam masyarakat. Pengelompokan masyarakat berdasarkan pendapatan menunjukkan kelas pendapatan kaya mempunyai banyak kelebihan berbanding kelas pendapatan rendah yang mempunyai banyak kekurangan. Pengukuran polarisasi pendapatan antaranya mengira median iaitu kelas baru ukuran polarisasi pendapatan adalah berbeza dengan ukuran polarisasi tradisional berdasarkan pendekatan Wolfson. Walau bagaimanapun takrifan kelas menengah dalam kelas baru ukuran polarisasi pendapatan adalah luas dan lebih kepada cara yang realistik iaitu berdasarkan kepada selang pendapatan median dan bukan pendapatan median. Terdapat pelbagai indeks untuk mengukur polarisasi pendapatan seperti Indeks bipolarisasi Foster dan Wolfson yang dihasilkan pada tahun 1992 yang menggunakan idea pergerakan jauh dari pertengahan melalui kenaikan taburan atau jarak lebih ekstrem dalam taburan pendapatan yang menyebabkan peningkatan dalam polarisasi. Kaedah pengukuran adalah membahagikan taburan pendapatan dengan membentuk dua kumpulan pendapatan iaitu satu kumpulan adalah di atas median dan satu kumpulan yang lain adalah di bawah median. Walau bagaimanapun, pada masa kini, perhatian semakin meningkat ke atas ketidaksamaan dan polarisasi.

# Bab 2

# Latar belakang Idea Polarisasi Pendapatan

# Bab 2

# Latar belakang Idea Polarisasi Pendapatan

## Pengenalan

Latar belakang idea polarisasi pendapatan boleh dikaitkan dengan falsafah. Falsafah ditakrifkan sebagai kajian sistematik berkenaan asas ilmu pengetahuan manusia dengan memberikan penekanan kepada keadaan kesahan dan mencari jawapan kepada persoalan terakhir. Setiap ilmu sains menetapkan objektif untuk mengkaji bidang ilmu khusus seperti fizik dan falsafah yang didefinisikan sebagai berfikir tentang pemikiran. Falsafah mengkaji makna, tujuan kewujudan, makna intelektual, refleksi kendiri, disiplin, amalan agama dan penyoalan. Istilah falsafah berasal dari barat dan menggambarkan jenis penyelidikan biasa dalam kebudayaan barat yang turut mempunyai persamaan dengan kebudayaan lain di dunia seperti India, China dan Timur Tengah (New World Encyclopedia, 2017).

Ciri-ciri falsafah boleh dihubungkaitkan dengan kepelbagaian definisi yang diberikan kepada istilah falsafah yang mempunyai aspek yang dikaji dan aktiviti. Perkataan falsafah berasal dari perkataan Yunani atau Greek kuno iaitu *philo-sophia* yang ditakrifkan sebagai menyokong kebijaksanaan. Walaupun tidak terdapat definisi muktamad bagi istilah falsafah tetapi bidang falsafah mempunyai sejarah perkembangan dan perubahan bergantung kepada jenis persoalan yang menjadi tumpuan atau berkaitan dalam zaman tertentu. Terdapat persetujuan secara umum bahawa falsafah adalah satu kaedah dan bukan teori, andaian atau pandangan. Penyelidikan falsafah bergantung kepada pemikiran rasional, berusaha untuk menghasilkan andaian yang diuji dan tidak berasaskan pemikiran agama serta analogi asli. Ahli falsafah yang berbeza mempunyai idea yang berbeza tentang sifat alasan dan aspek

25

kajian. Falsafah dirujuk sebagai pandangan umum atau satu etika khusus dan kepercayaan yang tidak berkaitan dengan pertimbangan falsafah akademik. Definisi falsafah memberi kesan ke atas manusia kerana kehidupan manusia berlaku berdasarkan set nilai dan kepercayaan yang tidak dinyatakan dan tidak disedari. Tema rasionalisasi memberikan penekanan kepada peranan atau kepentingan alasan manusia. Perbincangan rasionalisasi bermula dengan andaian atau teori dan diikuti dengan langkah untuk menghasilkan generalisasi bagi setiap kebarangkalian dalam subjek kajian serta objek pengetahuan (New World Encyclopedia, 2017).

Polarisasi dari segi falsafah adalah kajian sistematik melalui pemikiran rasional untuk menganalisis kewujudan kumpulan dalam masyarakat yang mempunyai sifat yang bertentangan. Kajian polarisasi menetapkan andaian untuk diuji melalui analisis seperti median dan pengukuran lain bagi membuat keputusan berkenaan kumpulan masyarakat seperti berdasarkan pendapatan, politik, sosial dan lain-lain. Analisis mengemukakan alasan pengelompokan manusia ke dalam kumpulan berbeza berdasarkan kategori pendapatan dan lain-lain. Analisis median dan indeks yang diwujudkan dalam kajian polarisasi menjadi satu kaedah yang memberikan satu prinsip khusus untuk mengukur polarisasi.

**Idea Polarisasi**

Idea polarisasi dijelaskan oleh Heim (2000) yang menunjukkan dua kutub iaitu kutub bertentangan dan kutub tidak penting. Polarisasi tidak menunjukkan hubungan punca dan akibat serta pertimbangan dan kesan. Kenyataan berkenaan polarisasi ialah dalam dua cara iaitu secara positif dan negatif. Di dalam bidang Sains Sosial, idea polarisasi kurang diberi penekanan dari segi arah pengukuran dan masalah polarisasi (Thompson, 1968). Masyarakat dianggap mengalami polarisasi apabila dibahagikan dalam kumpulan dengan identiti kumpulan yang kuat dan jelas perbezaan antara kumpulan. Darjah polarisasi dalam sesebuah masyarakat akan bergantung kepada kekuatan dalam identiti kumpulan dan perbezaan antara kumpulan (Doiron dan Schworm, 2005). Terdapat beberapa indeks polarisasi telah dicipta untuk menganalisis jarak antara kumpulan dalam satu taburan. Idea polarisasi adalah berbeza daripada ketidaksamaan (Esteban dan Ray, 2010). Idea polarisasi dikaji melalui menjelaskan proses pembentukan kumpulan. Polarisasi menjelaskan pembinaan kelompok homogen yang saling bertentangan antara satu sama lain. Polarisasi terdiri daripada polarisasi pendapatan, polarisasi politik, polarisasi sosial dan lain-lain. Dalam polarisasi pendapatan, nilai polarisasi maksimum akan dicapai apabila separuh daripada penduduk adalah golongan miskin manakala bahagian lain ekuiti adalah jumlah pendapatan secara samarata. Terdapat potensi yang tinggi untuk berlaku konflik politik dalam masyarakat yang mengalami polarisasi. Penyelidikan berkenaan polarisasi adalah bertujuan untuk mengesan dan meramalkan kebarangkalian berlaku konflik sosial dan revolusi. Konflik sosial mungkin berkembang jika minoriti etnik membentuk kumpulan homogen yang membataskan kelompok yang lain. Perbezaan dalam ras, agama atau status sosial menyebabkan tekanan jika perbezaan semakin mendalam dari masa ke semasa (Schmidt, 2018).

Polarisasi merupakan satu fenomena yang semakin mendapat perhatian dalam bidang Ekonomi dan bidang Sains Sosial yang lain. Definisi yang tepat ke atas istilah polarisasi masih sukar difahami. Terdapat persamaan dengan idea ketidaksamaan pendapatan kerana taburan purata tertentu adalah diandaikan meningkatkan ketidaksamaan dan polarisasi. Walau bagaimanapun taburan ini lebih cenderung kepada polarisasi. Memformalkan konsep polarisasi memerlukan masyarakat dibahagikan ke dalam kumpulan yang mempunyai pengenalan yang kuat dan jelas berbeza antara kumpulan. Pengukuran polarisasi yang sedia ada telah banyak digunakan di banyak negara di dunia (Bossert dan Schworm, 2007). Dalam polarisasi jaringan mengukur polarisasi merangkumi polarisasi Sains Politik, Sosiologi dan Ekonomi. Indeks Polarisasi Jaringan (*Network Polarization Index*/NPI) mengandungi perkara berikut (Maoz, 2011):

    a. Struktur hubungan antara nod dalam jaringan.

    b. Timbul dari dalam pengelompokan nod ke dalam mana-mana jenis kumpulan yang digunakan untuk analisis jaringan seperti kumpulan, blok, kelompok dan masyarakat.

    c. Menggabungkan maklumat berkenaan setiap kumpulan merangkumi perpaduan dan saiz serta hubungan antara pasangan kumpulan.

Polarisasi merupakan ciri-ciri struktur dalam satu sistem yang menunjukkan cara nod dan kumpulan adalah diletakkan di antara satu sama lain. Polarisasi merupakan satu fokus penting dalam penyelidikan dalam bidang Sains Sosial. Ahli Ekonomi, Sosiologi dan Sains Politik berminat untuk mengkaji perbezaan dimensi polarisasi. Konsep polarisasi digunakan dalam julat konteks yang luas dan diukur dalam cara berbeza. Terdapat banyak ukuran polarisasi yang sedia ada menjelaskan populasi tertentu pada beberapa sifat sebagai contohnya pendapatan dan kemampuan ketenteraan. Ukuran lain memfokuskan kepada pengelompokan set unit seperti negara, kumpulan sosial dan individu. Terdapat sedikit ukuran yang menggabungkan dua dimensi polarisasi iaitu hubungan antara unit dan sifat unit. Indeks yang dirujuk dalam kajian sosial dan kemanusiaan sekitar tahun 1975 hingga 2009 menunjukkan 1,927 artikel yang menggunakan perkataan polarisasi dalam tajuk atau abstrak. Istilah polarisasi sosial berjumlah 650, polarisasi politik berjumlah 410 dan polarisasi ekonomi berjumlah 395 petikan. Istilah polariti sekitar 998 dalam tajuk dan abstrak. Jumlah yang dirujuk bagi perkataan polarisasi adalah pada kadar sederhana dalam bidang Sains Sosial. Beberapa contoh pengkonsepsian polarisasi dalam ulasan karya seperti Woo pada tahun 2003 mengukur polarisasi sosial contohnya indeks Gini dalam ketidaksamaan pendapatan. Keefer dan Knack pada tahun 2002 menggunakan istilah kepelbagaian etnik, pendapatan dan pengelompokan tanah untuk mengukur lapisan khusus dalam populasi (Maoz, 2011).

Esteban dan Ray pada tahun 2005 mengkaji satu jumlah besar indeks polarisasi ekonomi berdasarkan kumpulan pendapatan. Polarisasi politik mempunyai peranan penting untuk mengkaji kestabilan kabinet dalam demokrasi berbilang. Ukuran paling umum ialah polarisasi yang digunakan dalam ulasan karya iaitu pembahagian jawatan dalam parlimen yang dikawal oleh parti ekstrem. Evans pada tahun 2003 diikuti oleh DiNaggio, Evans dan Bryson pada tahun 1996 mengukur polarisasi politik dengan menggunakan data tinjauan melalui indeks taburan, *bimodality* yang mengukur kurtosis taburan jawapan dan penyatuan pendapatan yang mengukur perbezaan purata merentasi pemboleh ubah antara kumpulan. Terdapat empat ciri-ciri indeks polarisasi iaitu (Maoz, 2011):

a. Perhubungan antara sebilangan kumpulan dan polarisasi adalah tidak linear; ceteris paribus iaitu satu kumpulan menggambarkan polarisasi kosong; polarisasi maksimum boleh berlaku hanya apabila penduduk dibahagikan ke dalam dua kumpulan; satu pembahagian penduduk kepada lebih daripada dua kumpulan mengurangkan polarisasi.

b. Ceteris paribus kerana perpaduan kumpulan menurun sepertimana polarisasi menurun.

c. Polarisasi perlu menurun dengan darjah pertindihan antara kumpulan dan bertambah dengan darjah jarak antara kumpulan.

d. Polarisasi perlu bertambah dengan darjah kesamaan antara saiz kumpulan atau dalam beberapa sifat kumpulan seperti kuasa, bilangan portfolio dalam parlimen dan pendapatan.

Polarisasi tidak harus berlaku dalam aspek berikut (Maoz, 2011):

   a. Mengabaikan individu tanpa pengenalan kumpulan.

   b. Terbatas kepada sebilangan kumpulan kecil.

   c. Mengandaikan indeks pengenalan kumpulan seragam.

Topik polarisasi pendapatan menjadi satu aspek penting untuk menganalisis perkembangan taburan pendapatan, kesan pertumbuhan ekonomi dan konflik sosial. Idea polarisasi telah diubah kepada pemboleh ubah tepat yang boleh digunakan untuk mengkaji taburan pendapatan melalui beberapa jenis ukuran polarisasi telah digunakan. Pendekatan untuk mengukur polarisasi adalah berdasarkan kepada aksiom yang spesifik seperti Esteban dan Ray pada tahun 1994 serta ukuran lain. Kajian terbaru berkenaan polarisasi walau bagaimanapun mempunyai beberapa kelemahan seperti struktur aksiom yang tidak jelas untuk mengkaji makna polarisasi kerana difahami secara umum oleh pengulas sosial dan orang awam. Dalam disiplin Sains Sosial yang lain polarisasi kerap kali dianggap sebagai satu proses. Dalam bidang Politik, polarisasi dianggap satu proses yang membahagikan pandangan awam dan mencapai aras ekstrem. Dalam bidang Komunikasi dan Psikologi proses melibatkan kumpulan sosial dan politik dibahagikan kepada dua subkumpulan yang bertentangan dengan jumlah ahli yang kecil menjadi satu perkara biasa atau kedudukan perantaraan. Dalam konteks polarisasi pendapatan makna yang diterima adalah kurang jelas dan kurang menarik perhatian pengkaji. Konsep polarisasi mengandaikan kewujudan dua kutub dan pengelompokan ahli masyarakat pada lebih daripada satu kutub. Dalam aspek polarisasi pendapatan, kutub adalah berdasarkan aras pendapatan. Oleh itu, perlu disediakan beberapa jenis struktur yang memberi makna kepada konsep polarisasi pendapatan dan asas untuk mendapatkan indeks yang boleh berubah (Amiel, Cowell dan Ramos, 2007).

Beberapa aksiom digunakan untuk mengecilkan makna perbandingan polarisasi yang mempunyai persamaan dengan makna yang telah digunakan dalam ulasan karya berkenaan ketidaksamaan pendapatan, kebajikan sosial dan kemiskinan serta kesesuaian menganalisis aspek ini dalam cara yang boleh mengeluarkan ulasan empirikal berkenaan sikap terhadap perbandingan taburan yang telah dibangunkan dalam bidang berkaitan. Walau bagaimanapun tidak banyak persamaan yang harus dibuat kerana polarisasi adalah konsep berbeza dan memerlukan aksiom berbeza (Amiel et al. 2007).

# Prinsip Polarisasi

Dalam beberapa tahun yang lepas berlaku peningkatan minat dalam idea dan pengukuran polarisasi. Kemunculan fenomena sosial yang tidak dikaji dengan baik melalui pengukuran tradisional berkenaan ketidaksamaan mewujudkan minat untuk mengkaji polarisasi. Kelas menengah yang merosot dengan ketara di negara barat dan kekerapan konflik sosial mendorong kajian berkenaan polarisasi. Istilah polarisasi dalam perkembangan semasa menunjukkan banyak dikaji dalam bidang Ekonomi dan sudah lama dikaji dalam bidang Sains Sosial. Definisi polarisasi yang dipersetujui secara umum ialah direka bentuk untuk mengkaji kewujudan dan kepupusan kumpulan dalam sesuatu taburan. Satu kumpulan pengukuran berusaha untuk mengkaji pembentukan sebilangan kumpulan secara tidak sengaja. Kumpulan pengukuran adalah Esteban dan Ray tahun 1991, Esteban dan Ray tahun 1994, Zhang dan Kanbur tahun 2001, serta Duclos, Esteban dan Ray tahun 2004 yang menjadi satu kumpulan pengukuran berbeza. Kumpulan pengukuran lain ialah kumpulan yang mengandaikan kewujudan dua kumpulan sahaja dengan pendapatan median sebagai pembahagi. Kumpulan pengukuran ini ialah Foster dan Wolfson tahun 1992, Wolfson tahun 1994 serta Wang dan Tsui tahun 2000. Polarisasi berbeza dengan bipolarisasi iaitu bipolarisasi membataskan skop kepada kewujudan terakhir dua kutub. Wujud dua pandangan dalam idea polarisasi iaitu pertama direka bentuk untuk mengkaji pembentukan sebilangan kutub secara tidak sengaja dan kumpulan ini dikenali sebagai pengukuran polarisasi. Manakala kumpulan kedua ialah polarisasi diandaikan sebagai satu proses apabila taburan menjadi bipolar dan dikenali sebagai pengukuran bipolarisasi (Esteban, 2005).

Pengukuran polarisasi bermula dengan Esteban dan Ray pada tahun 1991 serta Duclos, Esteban dan Ray pada tahun 2004 yang dikenali dengan DER bagi taburan selanjar. Manakala Esteban dan Ray tahun 1994 dikenali dengan ER untuk taburan diskret. Ukuran alternatif polarisasi dicadangkan oleh Zhang dan Kanbur tahun 2001 (Esteban, 2005). Pengukuran bipolarisasi dimulai dengan Wolfson tahun 1994 dan tahun 1997 berdasarkan kepada Foster dan Wolfson tahun 1992 serta Wang dan Tsui tahun 2000 yang dikenali dengan WT. Ukuran polarisasi yang dikemukakan oleh Alesina dan Spolaore tahun 1997 perlu dipertimbangkan sebagai termasuk dalam kumpulan pengukuran bipolarisasi. Terdapat tiga sifat yang sangat diperlukan untuk mengukur polarisasi iaitu (Esteban, 2005):

a. Polarisasi adalah berkenaan kumpulan oleh itu apabila terdapat satu kumpulan ini menunjukkan polarisasi rendah.

b. Polarisasi meningkat apabila ketidaksamaan dalam kumpulan berkurang.

c. Polarisasi meningkat apabila ketidaksamaan merentasi kumpulan meningkat.

Pendapatan yang berbeza berkenaan polarisasi ialah apabila individu tidak bersetuju berkenaan sesuatu perkara penting kepada pihak lain, ini akan meningkatkan polarisasi. Faktor yang mewujudkan polarisasi adalah emosi yang pada umumnya meningkatkan bilangan kedua-dua kumpulan. Ciri-ciri polarisasi dibangunkan dalam *Investigating American History* adalah seperti berikut (Brady, 2018):

a. Memilih pihak iaitu pergerakan yang mengeluarkan pendapat dalam arah yang berbeza daripada golongan sederhana.

b. Meningkatkan intensiti perasaan di kedua-dua pihak.

c. Meningkatkan perpaduan rakyat di setiap kutub.

d. Kegagalan untuk mengenal pasti kedudukan yang sah yang diambil oleh pembangkang.

e. Pertumbuhan ideologi yang mempermudahkan perkongsian pendapat berkenaan isu yang disokong.

f. Pertumbuhan stereotaip yang sangat mempermudahkan perkongsian pendapat berkenaan pembangkang.

g. Persepsi terpilih seperti pandangan berkenaan tindakan kumpulan yang dianggotai sebagai pertahanan dan tindakan pembangkang sebagai serangan.

Penyebab utama polarisasi ialah strategi pertumbuhan ekonomi tidak seimbang dalam jangka masa yang lama; doktrin neoklasik menghasilkan persaingan global tanpa batasan dalam tempoh masa *World Trade Organization* (WTO); cabaran daripada pesaing baru seperti Brazil, Rusia, India dan China semasa memasuki peringkat kematangan dalam pembangunan ekonomi; krisis Asia Timur tahun 1997; dan krisis kewangan global pada tahun 2008. Indikator polarisasi utama ialah saiz syarikat iaitu dua skala, pertama ialah skala besar dan kedua ialah skala sederhana serta kecil. Saiz syarikat merangkumi kadar pertambahan jualan dan kadar keuntungan. Terdapat dua punca polarisasi iaitu punca pertama polarisasi berkaitan pengenalan kapitalisme di luar kawalan melalui penjajahan yang menghasilkan asas lemah untuk ekonomi pasaran. Punca kedua ialah eksploitasi ekstrem oleh Peraturan Jepun yang menyebabkan kemerosotan menghasilkan lingkaran kemiskinan dan asas lemah untuk perindustrian (Lee, 2012).

Dualiti dalam sektor iaitu sektor moden dan tradisional seperti sektor industri dan pertanian, sektor eksport dan bukan eksport, serta syarikat besar dan syarikat sederhana serta kecil; dan kemerosotan taburan pendapatan menyebabkan berlaku polarisasi. Punca lain berlaku polarisasi ialah pendekatan ekonomi peringkat kematangan dalam pembangunan ekonomi, inovasi teknologi berlaku dengan cepat, perbezaan dalam keupayaan penyesuaian antara individu dan firma perniagaan berkembang dengan lebih jelas. Persaingan menjadi tidak teratur di bawah skim WTO, pengasingan berterusan antara pihak terlibat telah mencipta persaingan yang berasaskan hukum semula jadi. Polarisasi menjadi semakin cepat apabila kesan mengalir ke bawah (dari atas ke bawah) lemah dan dualiti semakin mendalam (Lee, 2012).

Pengukuran sedia ada polarisasi satu dimensi dikelompokkan kepada dua kategori iaitu yang pertama adalah direka bentuk untuk mengutip data pembentukan mana-mana bilangan secara tidak sengaja kutub yang dipanggil sebagai polarisasi. Kelompok kedua ialah polarisasi sebagai proses taburan menjadi bipolar yang dipanggil sebagai bipolarisasi (Esteban dan Ray, 2010). Konsep bipolarisasi pendapatan dan polarisasi merupakan konsep baru dalam kusasteraan ekonomi. Konsep bipolarisasi merujuk kepada Foster dan Wolfson tahun 1992 ialah satu situasi apabila sebilangan individu miskin, golongan kaya dan golongan kelas menengah yang turut dipanggil sebagai polarisasi pendapatan. Polarisasi pendapatan berkaitan dengan idea pengenalan dan penghapusan serta diandaikan mengukur potensi konflik sosial. Defnisi darjah bipolarisasi oleh Foster dan Wolfson tahun 1992 ialah berkenaan dua titik batasan iaitu pendapatan rendah dan tinggi yang boleh mengukur kelas menengah. Bipolarisasi mengukur takat kelas menengah yang boleh ditunjukkan dalam dua cara iaitu berdasarkan individu dan pendapatan. Cara yang paling biasa digunakan ialah pendapatan iaitu untuk mengukur pendapatan median sebagai penengah dan memilih julat sekitar penengah serta mencampurkan pendapatan keseluruhan penduduk termasuk kelas menengah. Cara kedua ialah kelas menengah mengikut individu dan mencampurkan keseluruhan pendapatan penduduk (Biu.ac.il., 2018).

# Kesimpulan

Pada umumnya, idea polarisasi pendapatan dapat dijelaskan melalui perbincangan berkaitan falsafah. Maksud perkataan falsafah ditakrifkan sebagai kajian sistematik berkenaan asas ilmu pengetahuan manusia dengan memberikan penekanan keadaan kesahan dan mencari jawapan kepada persoalan terakhir. Oleh itu, dari segi falsafah polarisasi adalah merupakan satu kajian sistematik berkenaan asas ilmu pengetahuan manusia berkenaan pengelompokan manusia dalam beberapa kumpulan. Indeks dan pengukuran polarisasi menyediakan satu prinsip khusus yang memberikan panduan untuk menganalisis atau mengukur polarisasi seperti polarisasi pendapatan, polarisasi politik dan polarisasi sosial. Individu dalam sesebuah kawasan dianggap mengalami polarisasi apabila dibahagikan dalam kumpulan dengan identiti kumpulan yang kuat dan jelas perbezaan antara kumpulan. Takat atau aras polarisasi dalam sesebuah masyarakat akan bergantung kepada kekuatan dalam identiti kumpulan dan perbezaan antara kumpulan. Polarisasi merupakan satu peristiwa atau kejadian yang semakin mendapat perhatian dalam bidang Ekonomi dan bidang Sains Sosial yang lain. Walau bagaimanapun makna istilah polarisasi masih sukar difahami. Terdapat persamaan antara konsep polarisasi pendapatan dan ketidaksamaan pendapatan kerana taburan purata tertentu adalah diandaikan meningkatkan ketidaksamaan dan polarisasi. Ulasan karya menunjukkan beberapa tahun yang lepas berlaku peningkatan minat dalam idea dan pengukuran polarisasi. Wujud kejadian sosial yang tidak dikaji dengan baik melalui pengukuran tradisional berkenaan ketidaksamaan mewujudkan minat untuk mengkaji polarisasi. Kemunculan keadaan kelas menengah yang merosot dengan ketara di negara barat dan kekerapan konflik sosial mendorong sarjana untuk menjalankan kajian berkenaan polarisasi. Perkataan polarisasi dalam kajian bagi tempoh perkembangan semasa menunjukkan banyak dikaji dalam bidang Ekonomi dan sudah lama dikaji dalam bidang Sains Sosial.

# Bab 3
# Demografi Penduduk

# Bab 3

# Demografi Penduduk

## Pendahuluan

Bahagian ini menjelaskan keputusan daripada kajian dalam bentuk pola demografi penduduk atau responden yang dikaji. Penduduk adalah merupakan ahli komuniti kawasan Bandaraya Sungai Petani di Kedah, Bandaraya Georgetown di Pulau Pinang dan Bandaraya Ipoh di Perak. Bandaraya Sungai Petani dan Georgetown merupakan dua lokasi yang berada dalam kawasan kutub pertumbuhan pembangunan wilayah kawasan utara Semenanjung Malaysia yang dipanggil dengan Wilayah Ekonomi Koridor Utara dan dalam Bahasa Inggeris dipanggil dengan *North Corridor Economic Region* atau NCER. Bandaraya Ipoh pula merupakan bandaraya yang berada di pinggir kutub pertumbuhan dan satu lokasi yang sangat hampir dengan kawasan sempadan NCER.

NCER merupakan kawasan pembangunan ekonomi dan sosial yang membabitkan negeri Perlis, Pulau Pinang dan utara Perak yang diperkenalkan pada Januari 2007 dalam Rancangan Malaysia Kesembilan bagi tempoh tahun 2006 hingga tahun 2010 dan dirasmikan pada 30 Julai 2007 (Pmr.penerangan.gov.my, 2008). Bandaraya Ipoh merupakan subwilayah kepada dua bandaraya NCER yang dikaji iaitu Bandaraya Sungai Petani dan Bandaraya Georgetown.

## Metodologi Kajian

Pola polarisasi pendapatan diperolehi melalui kajian ke atas peranan perbandaran dan polarisasi pendapatan di Malaysia. Kajian ini adalah kajian penjelasan menggunakan pendekatan kuantitatif untuk pengutipan data primer bertujuan menerangkan peranan perbandaran dalam menangani polarisasi pendapatan di Wilayah Utara Semenanjung

Malaysia merangkumi kawasan Sungai Petani di Kedah dan Georgetown di Timur Laut Pulau Pinang serta Ipoh di kawasan Kinta, Perak yang merupakan Zon Perancangan Lembah Kinta. Kajian ini cuba menjelaskan proses indikator perbandaran mempromosikan pertumbuhan ekonomi iaitu bandar wujud sebahagian besarnya disebabkan oleh beberapa jenis pengelompokan ekonomi dalam pengeluaran yang tidak wujud dalam persekitaran luar bandar. Kajian ini berusaha untuk menjelaskan hubungan sebab dan akibat antara peranan perbandaran dan polarisasi pendapatan di Wilayah Utara Semenanjung Malaysia dan Bandaraya Ipoh. Tumpuan kajian adalah ke atas bandaraya.

Polarisasi pendapatan dalam kajian ini dicirikan oleh kenaikan elit sektor persendirian dalam keusahawanan, pengurusan dan kelas profesional bersama dengan pertumbuhan sebilangan individu pada aras bawah dalam pasaran buruh khususnya mencerminkan polarisasi yang merupakan pengembangan serentak elit yang sangat berpendidikan tinggi dan pekerja sektor tidak formal. Penunjuk penting yang lain adalah kenaikan pekerjaan perkhidmatan dan penurunan pekerjaan awam. Polarisasi pendapatan mempunyai kesan negatif ke atas masyarakat sebagai contohnya Brzezinski (2013) mendapati bahawa polarisasi pendapatan mempunyai kesan ke atas pertumbuhan ekonomi. Polarisasi pendapatan menyebabkan ketidakstabilan politik, konflik sosial atau fenomena sosioekonomi yang serupa yang dikemukakan dalam tulisan terdahulu.

Manakala Gochoco-Bautista et al. (2012) menggambarkan polarisasi menyebabkan kepupusan golongan kelas menengah di kawasan bandar. Kajian ini juga cuba membina ramalan dan prinsip yang munasabah berkenaan hubungan peranan perbandaran di Wilayah Utara Semenanjung Malaysia dan Bandaraya Ipoh ke atas polarisasi pendapatan. Oleh itu pemboleh ubah bebas adalah peranan perbandaran dan pemboleh ubah bersandar adalah polarisasi pendapatan. Kaedah saintifik digunakan untuk menguji data bagi tujuan mengembangkan idea untuk mencapai isu, area dan topik yang baru bagi tujuan memperbaiki kualiti hidup masyarakat.

Kajian ini adalah kajian asas yang menggunakan pendekatan dimensi masa *cross sectional* melalui kaedah tinjauan menggunakan borang soal selidik. Bagi menjawab objektif kajian maklumat berkenaan latar belakang responden, pertumbuhan ekonomi, pengelompokan ekonomi, perubahan sosial, perubahan ekonomi, perubahan budaya, aktiviti keusahawanan, buruh kelas bawah, pendidikan tinggi, kelas menengah dan pekerja sektor tidak formal dikutip. Data dikutip pada satu titik masa sahaja. Jumlah keseluruhan populasi kajian ialah 9,253,422 orang warganegara Malaysia. Kerangka persampelan adalah menggunakan senarai alamat penduduk yang melanggan talian telefon tetap (kediaman) di Telekom Malaysia Berhad. Jumlah sampel ialah 384 berdasarkan jadual Krejcie dan Morgan (1970) dan Cohen (1969) dalam Sekaran dan Bougie (2009).

Jadual 3.1: Populasi kajian mengikut lokasi bagi negeri Kedah, Pulau Pinang dan Perak bagi tahun 2010.

| Daerah Pentadbiran/Kawasan Pihak Berkuasa Tempatan (Mukim) | Bumiputera | | | Cina | India | Lain-lain |
|---|---|---|---|---|---|---|
| | Melayu | Bumipu-tera lain | Jumlah | | | |
| Kedah | 1,834,600 | | | | | |
| Sungai Petani | 108,856 | 1,090 | 41,987 | 46,005 | 35,642 | 870 |
| Pulau Pinang | 1,438,553 | | | | | |
| Timur Laut Pulau Pinang (termasuk Bandaraya Georgetown) | 107,243 | 2,353 | 109,596 | 316,172 | 51,468 | 2,083 |
| Perak | 2,231,633 | | | | | |
| Kinta (termasuk Majlis Bandaraya Ipoh) | 119,811 | 3,444 | 123,255 | 66,112 | 29,486 | 496 |
| Jumlah | 3,454,662 | 73864 | 3,528,526 | 1,596,639 | 559977 | 39754 |

Sumber: Portal Rasmi Jabatan Perangkaan Malaysia (2011); Nazul Izwan (2018); Scribd.com (2018)

Jenis persampelan ialah persampelan berstrata mengikut kumpulan ras warganegara Malaysia iaitu Bumiputera Melayu, Bumiputera Lain, Cina, India dan ras lain. Bumiputera Melayu ialah 55.8 peratus, Cina ialah 26 peratus, India (termasuk India muslim) ialah 14.6 peratus dan ras lain ialah 3.7 peratus. Sampel kajian yang diedarkan borang soal selidik adalah seramai 3456 orang melibatkan temubual melalui telefon dan pengedaran di lapangan. Jadual 3.1 menunjukkan populasi kajian mengikut lokasi bagi negeri Kedah, Pulau Pinang dan Perak. Kajian ini hanya melibatkan lokasi penting iaitu bandar utama bagi negeri Kedah, Pulau Pinang dan Perak. Negeri Perlis tidak dimasukkan disebabkan kadar perbandaran adalah secara perlahan. Ipoh adalah disasarkan sebagai pusat pertumbuhan subwilayah dan

Georgetown adalah untuk pertumbuhan wilayah (Unit Perancang Ekonomi Negeri, 2010). Oleh itu Ipoh adalah subwilayah yang berdekatan dengan NCER.

Jumlah sampel yang bersetuju menjawab borang soal selidik melalui telefon dan di lapangan adalah seramai 434 orang. Unit analisis kajian yang merupakan entiti utama yang dianalisis dalam kajian adalah meliputi entiti pada aras mikro atau kecil. Unit analisis kajian ialah penduduk di bandaraya iaitu individu. Kerangka persampelan kajian secara keseluruhan adalah terdiri dari populasi kajian yang menjadi penduduk di tiga buah bandaraya di Wilayah Utara Semenanjung Malaysia di Kedah, Pulau Pinang dan Bandaraya Ipoh. Bandaraya dipilih kerana berlaku pelbagai aktiviti pembangunan seperti kesihatan, pendidikan, perdagangan dan sebagainya.

Aktiviti pembangunan tersebut banyak mempengaruhi kejadian kemiskinan, jurang antara penduduk dan polarisasi pendapatan. Berbanding dengan kawasan luar bandar, kawasan ini kurang berlaku pembangunan dari segi kesihatan, perdagangan, pendidikan dan sebagainya. Oleh itu, analisis pemboleh ubah kemiskinan, jurang antara penduduk dan polarisasi pendapatan dengan pemboleh ubah kesihatan, pendidikan, perdagangan dan sebagainya sukar untuk dijalankan. Sungai Petani, Kedah; Ipoh, Perak; dan Georgetown, Pulau Pinang yang dipilih sebagai lokasi kajian kerana bandaraya tersebut telah berkembang maju serta bilangan populasi adalah tinggi berbanding dengan kawasan luar bandar.

Kajian di lapangan bermula dari 12 Ogos 2016 hingga 30 September 2016 di Sungai Petani, Georgetown dan Ipoh. Kajian ini telah menjalankan pengumpulan data melalui pendekatan kuantitatif menerusi kaedah tinjauan dengan memanipulasikan borang soal selidik yang dilaksanakan ke atas penduduk di kawsan kajian. Pemboleh ubah bebas adalah perbandaran dan pemboleh ubah bergantung adalah polarisasi pendapatan. Pengutipan data di bandar melalui borang soal selidik dalam Bahasa Malaysia dilakukan menggunakan kaedah temubual melalui telefon (mengambil masa lebih kurang 60 minit) ke atas penduduk di Bandaraya Ipoh, Georgtown dan Sungai Petani. Pengutipan data melalui telefon bermula pada 4 Ogos 2016 hingga 14 Disember 2016. Borang soal selidik mengandungi pilihan jawapan dan soalan berbentuk terbuka. Kaedah pengisian borang soal selidik adalah melalui *self-administered* bagi tinjauan di lapangan dan diisi sendiri oleh pengkaji bagi tinjauan melalui telefon. Di samping itu, tinjauan di lapangan juga menggunakan kaedah borang soal selidik diisi sendiri oleh pengkaji.

Pengutipan data melalui telefon adalah berdasarkan kepada buku panduan telefon oleh Telekom Malaysia Berhad. Kajian di lapangan dijalankan di kawasan kediaman dan rumah kedai. Borang kaji selidik diedarkan dan diisi bagi responden yang bersetuju menjawab borang soal selidik. Data primer adalah untuk menjawab objektif kajian dan persoalan kajian berkenaan perbandaran dan polarisasi pendapatan. Terdapat borang soal selidik yang tidak dipulangkan semula oleh responden semasa pengutipan data di lapangan dan melalui telefon terdapat responden yang menamatkan temubual sebelum borang lengkap diisi. Terdapat sampel kajian yang menolak untuk ditemubual. Hanya sebilangan kecil sahaja sampel yang dibuat panggilan bersetuju untuk menjawab soalan.

## Ujian Rintis

Ujian rintis dilakukan di kawasan yang mempunyai ciri-ciri yang serupa dengan kawasan kajian. Masa dan usaha diperuntukan untuk membina soalan soal selidik dan pengutipan data untuk menjawab objektif kajian. Lokasi kajian utama adalah Wilayah Utara Semenanjung Malaysia yang merangkumi negeri Kedah, Pulau Pinang dan subwilayah di Daerah Kinta, Perak. Tinjauan ujian rintis menggunakan borang kaji selidik dijalankan di Jitra, Kedah. Proses pengutipan data dilakukan melalui pengkaji pergi ke bandar Jitra dan mengedarkan borang kepada responden secara bersemuka.

Terdapat responden yang mengisi sendiri borang kaji selidik (kaedah *self-administered*) dan terdapat juga responden yang ditemubual oleh pengkaji untuk tujuan menjawab borang kaji selidik. Kawasan yang diedarkan borang kaji selidik adalah melibatkan perumahan dan pasaraya yang terdapat di bandar Jitra. Pemilihan sampel di Jitra, Kedah dibuat melalui kaedah persampelan bertujuan iaitu pengkaji secara bertujuan telah memilih sampel yang tinggal di kawasan perumahan dan yang berada di pasaraya. Pengkaji telah memilih bandar Jitra yang mempunyai ciri-ciri yang lebih kurang sama dengan bandar untuk kajian utama (sebenar). Borang kaji selidik menggunakan Bahasa Malaysia dan temubual diadakan menggunakan Bahasa Malaysia serta Bahasa Kedaerahan.

Populasi kajian ialah penduduk yang tinggal di kawasan bandar yang terdiri daripada pelbagai ras seperti Melayu, Cina, India dan bangsa lain serta melibatkan kedua-dua gender iaitu lelaki dan perempuan. Bilangan sampel yang bersetuju menjawab borang kaji selidik ialah seramai 115 orang dan temubual adalah melibatkan penduduk yang bersetuju menjadi responden. Borang kaji selidik mengandungi soalan demografi dan item yang merujuk pada pemboleh ubah kajian. Skala dalam borang kaji selidik adalah pengukuran nominal dan soalan berbentuk terbuka bagi soalan berkaitan demografi serta ordinal menggunakan skala Likert bagi soalan berkaitan pemboleh ubah. Pengutipan data untuk ujian rintis dijalankan pada 11 Februari 2016 hingga 13 Februari 2016.

Kebolehpercayaan soalan kajian dibuat melalui analisis Alfa Cronbach menggunakan perisian *IBM Statistical Package for the Social Science* (SPSS). Alfa Cronbach bagi semua item adalah 0.975 yang boleh ditafsirkan sebagai mempunyai ketekalan dalaman yang baik. Peraturan praktikal nilai Alfa Cronbach menurut Statistics How To (2017) adalah kurang dari 0.5 adalah tidak dapat diterima, lebih dan sama dengan 0.5 hingga 0.6 adalah lemah, lebih dan sama dengan 0.6 hingga 0.7 adalah boleh dipersoalkan, lebih dan sama dengan 0.7 hingga 0.8 adalah boleh diterima, lebih dan sama dengan 0.8 hingga 0.9 adalah baik serta lebih dan sama dengan 0.9 adalah cemerlang.

Jadual 3.2: Alfa Cronbach pemboleh ubah dan subpemboleh ubah yang dikaji

| Pemboleh ubah dan subpemboleh ubah | Nilai Alfa Cronbach | Tafsiran |
| --- | --- | --- |
| Polarisasi pendapatan | 0.94 | Cemerlang |
| Kenaikan elit | 0.92 | Cemerlang |
| Perkembangan polarisasi pendapatan | 0.82 | Baik |
| Pembentukan kumpulan | 0.79 | Boleh diterima |
| Berkongsi trait | 0.90 | Cemerlang |
| Subkumpulan penduduk | 0.82 | Baik |
| Polarisasi pendapatan tulen | 0.56 | Lemah – hanya mempunyai 2 item sahaya |

Jadual 3.2 menunjukkan hanya subpemboleh ubah perubahan budaya dan polarisasi pendapatan tulen yang mempunyai nilai alfa Cronbach yang rendah iaitu dalam lingkungan 0.60 yang ditafsirkan sebagai ketekalan dalaman yang boleh dipersoalkan. Ini adalah kerana kedua-dua pemboleh ubah tersebut mempunyai dua soalan sahaja. Pemboleh ubah dan subpemboleh ubah yang lain adalah mempunyai ketekalan dalaman yang baik.

Jadual 3.3: Nilai *corrected item-total correlation* bagi setiap item

| Bil. | Item | Subpemboleh ubah - Pemboleh ubah | Nilai *Corrected item-total correlation* | Tafsiran |
|------|------|----------------------------------|------------------------------------------|----------|
| 1. | Globalisasi mempunyai kaitan dengan polarisasi pendapatan di kawasan bandar | Perkembangan polarisasi pendapatan — polarisasi pendapatan | 0.63 | Boleh diterima |
| 2. | Kenaikan elit sektor persendirian dalam keusahawanan merupakan ciri-ciri polarisasi pendapatan | Kenaikan elit – polarisasi pendapatan | 0.80 | Boleh diterima |
| 3. | Kenaikan elit sektor persendirian dalam pengurusan merupakan ciri-ciri polarisasi pendapatan | Kenaikan elit – polarisasi pendapatan | 0.82 | Boleh diterima |
| 4. | Kenaikan elit sektor persendirian dalam kelas profesional merupakan ciri-ciri polarisasi pendapatan | Kenaikan elit – polarisasi pendapatan | 0.80 | Boleh diterima |
| 5. | Kenaikan elit sektor persendirian dalam pertumbuhan individu pada aras bawah dalam pasaran buruh merupakan ciri-ciri polarisasi pendapatan | Kenaikan elit – polarisasi pendapatan | 0.78 | Boleh diterima |
| 6. | Kenaikan elit sektor persendirian dalam pengembangan serentak elit yang sangat berpendidikan tinggi merupakan polarisasi pendapatan | Kenaikan elit – polarisasi pendapatan | 0.72 | Boleh diterima |
| 7. | Kenaikan elit sektor persendirian dalam pekerja sektor tidak formal berlaku di bandar | Kenaikan elit – polarisasi pendapatan | 0.72 | Boleh diterima |
| 8. | Kenaikan pekerjaan perkhidmatan berlaku di bandar | Perkembangan polarisasi pendapatan — polarisasi pendapatan | 0.30 | Tidak boleh diterima |
| 9. | Penurunan pekerjaan awam berlaku di bandar | Perkembangan polarisasi pendapatan – polarisasi pendapatan | 0.39 | Boleh diterima |

'sambungan'

| Bil. | Item | Subpemboleh ubah - Pemboleh ubah | Nilai *Corrected item-total correlation* | Tafsiran |
|------|------|----------------------------------|------------------------------------------|----------|
| 10. | Sebahagian besar golongan pertengahan yang kaya menyumbang pada pertumbuhan ekonomi dalam pelbagai cara yang merupakan sebab polarisasi pendapatan | Perkembangan polarisasi pendapatan – polarisasi pendapatan | 0.40 | Boleh diterima |
| 11. | Ketidaksamaan berlaku di bandar | Perkembangan polarisasi pendapatan – polarisasi pendapatan | 0.34 | Boleh diterima |
| 12. | Pembentukan kumpulan adalah berlaku di kawasan bandar | Pembentukan kumpulan – polarisasi pendapatan | 0.57 | Boleh diterima |
| 13. | Berlaku kepupusan (luput) subkumpulan berbeza di kawasan bandar | Pembentukan kumpulan – polarisasi pendapatan | 0.64 | Boleh diterima |
| 14. | Individu adalah berbeza dalam ciri-ciri tertentu di kawasan bandar | Pembentukan kumpulan – polarisasi pendapatan | 0.65 | Boleh diterima |
| 15. | Subkumpulan yang seragam boleh wujud di mana individu melihat satu darjah persamaan dalam setiap kumpulan | Pembentukan kumpulan – polarisasi pendapatan | 0.53 | Boleh diterima |
| 16. | Individu dalam masyarakat bandar berkongsi trait umum | Berkongsi trait – polarisasi pendapatan | 0.72 | Boleh diterima |
| 17. | Individu dalam masyarakat bandar berkongsi ciri-ciri ras | Berkongsi trait – polarisasi pendapatan | 0.79 | Boleh diterima |
| 18. | Individu dalam masyarakat bandar berkongsi ciri-ciri pendapatan | Berkongsi trait – polarisasi pendapatan | 0.76 | Boleh diterima |
| 19. | Individu dalam masyarakat bandar berkongsi ciri-ciri pendidikan | Berkongsi trait – polarisasi pendapatan | 0.75 | Boleh diterima |
| 20. | Individu dalam masyarakat bandar berkongsi ciri-ciri agama | Berkongsi trait – polarisasi pendapatan | 0.67 | Boleh diterima |

'sambungan'

| Bil. | Item | Subpemboleh ubah - Pemboleh ubah | Nilai *Corrected item-total correlation* | Tafsiran |
|------|------|----------------------------------|------------------------------------------|----------|
| 21. | Pengelompokan subkumpulan penduduk dalam bilangan kecil di tempat yang jauh berlaku di bandar | Subkumpulan penduduk – polarisasi pendapatan | 0.56 | Boleh diterima |
| 22. | Keseragaman tinggi dalam setiap kumpulan di bandar | Subkumpulan penduduk – polarisasi pendapatan | 0.55 | Boleh diterima |
| 23. | Kepelbagaian atau perbezaan yang tinggi merentasi kumpulan yang berbeza | Subkumpulan penduduk – polarisasi pendapatan | 0.68 | Boleh diterima |
| 24. | Bilangan kecil dalam kumpulan besar (kumpulan bersaiz kecil mempunyai sedikit pengaruh ke atas penduduk secara keseluruhan) berlaku di bandar | Subkumpulan penduduk – polarisasi pendapatan | 0.71 | Boleh diterima |
| 25. | Ketegangan sosial berlaku di kawasan bandar | Subkumpulan penduduk – polarisasi pendapatan | 0.58 | Boleh diterima |
| 26. | Pertambahan konflik berlaku di kawasan bandar | Subkumpulan penduduk – polarisasi pendapatan | 0.38 | Boleh diterima |
| 27. | Pendapatan sebenar digunakan untuk mengenal pasti kumpulan atau untuk mengelompokkan populasi di bandar | Polarisasi pendapatan tulen – polarisasi pendapatan | 0.39 | Boleh diterima |
| 28. | Ciri-ciri keetnikan digunakan untuk mengenal pasti kumpulan atau untuk mengelompokkan populasi di bandar | Perkembangan polarisasi pendapatan – polarisasi pendapatan | 0.49 | Boleh diterima |
| 29. | Pertambahan bilangan individu dengan pendapatan yang agak tinggi atau agak rendah berlaku di kawasan bandar | Polarisasi pendapatan tulen – polarisasi pendapatan | 0.39 | Boleh diterima |
| 30. | Upah sebenar tidak berkembang di kawasan bandar | Perkembangan polarisasi pendapatan – polarisasi pendapatan | 0.51 | Boleh diterima |
| 31. | Pekerja miskin atau pendapatan di bawah garis kemiskinan wujud di kawasan bandar | Perkembangan polarisasi pendapatan – polarisasi pendapatan | 0.39 | Boleh diterima |

'sambungan'

| Bil. | Item | Subpemboleh ubah - Pemboleh ubah | Nilai *Corrected item-total correlation* | Tafsiran |
|------|------|------|------|------|
| 32. | Pekerja mahir mendapat permintaan tinggi di kawasan bandar | Perkembangan polarisasi pendapatan – polarisasi pendapatan | 0.14 | Tidak boleh diterima |
| 33. | Pekerja berkemahiran rendah mengalami penurunan permintaan di kawasan bandar | Perkembangan polarisasi pendapatan – polarisasi pendapatan | 0.44 | Boleh diterima |
| 34. | Kehilangan pekerjaan kelas pertengahan melalui perdagangan bebas berlaku di kawasan bandar | Perkembangan polarisasi pendapatan – polarisasi pendapatan | 0.68 | Boleh diterima |
| 35. | Kehilangan pekerjaan kelas pertengahan melalui pekerjaan bergaji tinggi di luar negara berlaku di kawasan bandar | Perkembangan polarisasi pendapatan – polarisasi pendapatan | 0.61 | Boleh diterima |
| 36. | Kehilangan pekerjaan kelas pertengahan melalui kepentingan buruh murah berlaku di kawasan bandar | Perkembangan polarisasi pendapatan – polarisasi pendapatan | 0.59 | Boleh diterima |
| 37. | Ketidakstabilan politik berlaku di kawasan bandar | Subkumpulan penduduk – polarisasi pendapatan | 0.37 | Boleh diterima |
| 38. | Konflik sosial berlaku di kawasan bandar | Subkumpulan penduduk – polarisasi pendapatan | 0.50 | Boleh diterima |

Ujian kesahan menumpu melalui *corrected item-total correlation* menunjukkan 90 peratus item soalan pemboleh ubah perbandaran dan polarisasi pendapatan memenuhi kriteria kesahan iaitu lebih dari nilai minimum yang boleh diterima ($\alpha = 0.40$). Menurut Alves (2012) kesahan dalaman boleh dianalisis melalui *inter-item correlation* dan *corrected item-total correlation* (>0.4). Kajian ini menggunakan *corrected item-total correlation* untuk menganalisis kesahan dalaman. Berdasarkan Jadual 3.3, hampir kesemua soalan mempunyai kesahan dalaman iaitu nilai *corrected item-total correlation* adalah lebih dan sama dengan

0.4. Hanya soalan "Pekerja mahir mendapat permintaan tinggi di kawasan bandar" mempunyai nilai yang rendah iaitu 0.14.

## Demografi Responden

Jadual 3.4: Pola latar belakang demografi responden

| Pemboleh ubah | Kekerapan | Peratusan (%) | Mod | Median | Min |
|---|---|---|---|---|---|
| Jantina | | | 2.00 | | |
| Lelaki | 207 | 47.7 | | | |
| Perempuan | 222 | 51.2 | | | |
| Tidak Dinyatakan | 5 | 1.15 | | | |
| Jumlah | 434 | 100 | | | |
| Umur | | | 2.00 | 3.0000 | 3.5968 |
| ≤ 15 tahun | 4 | 0.9 | | | |
| 16 tahun hingga 30 tahun | 116 | 26.7 | | | |
| 31 tahun hingga 45 tahun | 110 | 25.3 | | | |
| 46 tahun hingga 60 tahun | 89 | 20.5 | | | |
| ≥ 61 tahun | 51 | 11.8 | | | |
| Tidak Dinyatakan | 64 | 14.7 | | | |
| Jumlah | 434 | 100 | | | |
| Bangsa | | | 1.00 | | |
| Melayu | 242 | 55.8 | | | |
| Cina | 113 | 26 | | | |
| India | 51 | 11.8 | | | |
| India Muslim | 12 | 2.8 | | | |
| Indonesia | 4 | 0.9 | | | |
| Pakistan | 2 | 0.5 | | | |
| Bangladesh | 3 | 0.7 | | | |
| Tidak Dinyatakan | 7 | 1.6 | | | |
| Jumlah | 434 | 100 | | | |
| Status Perkahwinan | | | 2.00 | | |
| Bujang | 108 | 24.9 | | | |
| Kahwin | 259 | 59.7 | | | |

'sambungan'

| Pemboleh ubah | Kekerapan | Peratusan (%) | Mod | Median | Min |
|---|---|---|---|---|---|
| Cerai (Janda/Duda) | 9 | 2.1 | | | |
| Balu/Duda | 1 | 0.2 | | | |
| Tidak Dinyatakan | 57 | 13.1 | | | |
| Jumlah | 434 | 100 | | | |

Jadual 3.4 menunjukkan bilangan responden perempuan lebih ramai daripada responden lelaki iaitu seramai 222 orang responden (51.2 peratus; mod = 2.00), bermakna majoriti responden adalah perempuan. Ini adalah kerana pengutipan data di lapangan melibatkan kawasan kediaman dan kawasan perniagaan. Pengutipan data dijalankan pada waktu siang dan kebanyakan responden yang ditemubual di kawasan kediaman adalah terdiri daripada isi rumah iaitu perempuan yang merupakan isteri kepada ketua isi rumah. Semasa pengutipan data, kebanyakan ketua isi rumah keluar bekerja. Kebanyakan responden berusia antara 16 tahun hingga 45 tahun iaitu berdasarkan peratusan umur responden 16 tahun hingga 30 tahun sebanyak 26.7 peratus (116 orang; min = 3.6) dan responden berumur 31 tahun hingga 45 tahun adalah sebanyak 25.3 peratus (110 orang). Responden daripada kalangan bangsa Melayu adalah sebanyak 55.8 peratus (242 orang; mod = 1.00) merupakan majoriti responden. Kebanyakan responden adalah sudah berkahwin iaitu sebanyak 59.7 peratus (259 orang; mod = 2.00) dan beragama Islam iaitu sebanyak 61.8 peratus (268 orang; mod= 1.00).

Majoriti iaitu 90.8 peratus (mod = 1.00) responden adalah warganegara Malaysia iaitu seramai 394 orang. Kebanyakan responden tamat pendidikan pada peringkat Sijil Pelajaran Malaysia (SPM) iaitu sebanyak 35.3 peratus (153 orang; mod = 4.00). Kebanyakan responden tidak bekerja iaitu sebanyak 32.5 peratus (141 orang; mod = 4.00), ini berkemungkinan majoriti responden adalah di kalangan perempuan yang merupakan suri rumah. Oleh kerana majoriti responden tidak berkerja, kebanyakan responden tidak mempunyai pendapatan iaitu sebanyak 33.6 peratus (146 orang; min = 1.9). Majoriti responden adalah dari Georgetown, Pulau Pinang iaitu sebanyak 40.8 peratus (177 orang; mod = 1.00). Keputusan kajian bagi latar belakang responden menunjukkan median pendapatan adalah 2.0000 (pendapatan kurang dari RM1000). Oleh itu, majoriti responden adalah tergolong dalam kategori pendapatan kurang dari RM1000.

Keputusan kajian ini berbeza dengan White, Muhidin, Andrzejewski, Tagoe, Knight dan Reed (2008) yang mendapati bahawa indeks pemilikan sebagai satu penunjuk status sosioekonomi isi rumah adalah satu jumlah mudah daripada 11 pemilikan isi rumah iaitu satu radio atau perakam kaset, televisyen, *video deck*, telefon atau telefon bimbit, elektrik atau dapur gas, peti ais, jam, sofa, katil dengan tilam, basikal dan kenderaan bermotor. Purata bilangan daripada pemilikan isi rumah adalah 2.9 menunjukkan status sosioekonomi yang rendah. Kajian ini juga berbeza dengan Yiengprugsawan, Caldwell, Lim, Seubsman dan Sleigh (2011) yang menunjukkan responden terdiri dari 23.6 peratus lelaki dan 38.2 peratus perempuan bagi responden yang berumur 20 tahun hingga 29 tahun.

Terdapat banyak perbezaan sosioekonomi di kalangan hayat kumpulan perbandaran iaitu pendapatan berbeza kira-kira 2.9 peratus yang kebanyakan responden bekerja dalam kategori pembantu pejabat. Proses perbandaran mempunyai kaitan dengan struktur demografi isi rumah dan kira-kira 60 peratus responden adalah belum berkahwin. Responden mendiami ciri-ciri perumahan seperti kekal dan sementara serta berulang alik ke tempat kerja merentasi semua hayat kumpulan perbandaran (Yiengprugsawan et al. 2011). Wanita dan lelaki orang asli (berumur 25-44 tahun) telah membuat keuntungan besar dalam pendidikan, pekerjaan dan pendapatan. Aras lebih tinggi dalam pendidikan, pekerjaan penuh masa dan pendapatan yang diperolehi membolehkan beberapa orang lelaki, wanita Indian, Metis dan Inuit untuk menutup jurang antara penduduk dan ahli dalam masyarakat (Gerber, 2014).

## Kesimpulan

Secara keseluruhannya, kajian ini berjaya mendapatkan seramai 434 orang responden untuk menjawab borang soal selidik. Kajian asas ini menggunakan pendekatan dimensi masa *cross sectional* melalui kaedah tinjauan menggunakan borang soal selidik. Data dikutip pada satu titik masa sahaja. Keseluruhan populasi kajian ialah 9,253,422 orang warganegara Malaysia. Unit analisis kajian meliputi entiti pada aras mikro atau kecil iaitu penduduk di bandaraya atau individu. Kaedah persampelan berstrata digunakan utuk memilih sampel iaitu mengikut kumpulan ras warganegara Malaysia iaitu Bumiputera Melayu, Bumiputera Lain, Cina, India dan ras lain. Bumiputera Melayu ialah 55.8 peratus, Cina ialah 26 peratus, India ialah 14.6 peratus dan ras lain ialah 3.7 peratus. Nilai Alfa Cronbach bagi semua item adalah 0.975 yang boleh ditafsirkan sebagai mempunyai ketekalan dalaman yang baik. Ujian kesahan menumpu melalui *corrected item-total correlation* menunjukkan 90 peratus item soalan pemboleh ubah perbandaran dan polarisasi pendapatan memenuhi kriteria kesahan iaitu lebih dari nilai minimum yang boleh diterima. Keputusan pola latar belakang demografi responden menunjukkan majoriti responden adalah perempuan, tidak bekerja dan mempunyai pendapatan kurang daripada RM1000 sebulan.

# Bab 4

# Pola Polarisasi Pendapatan Di Utara Semenanjung Malaysia

# Bab 4

# Pola Polarisasi Pendapatan Di Utara Semenanjung Malaysia

## Pendahuluan

Bahagian ini menjelaskan pola atau corak polarisasi pendapatan di tiga bandaraya yang dikaji. Pola polarisasi pendapatan ditunjukkan dalam bentuk kekerapan, peratusan, min, mod, median dan julat. Menurut Clementi, Dabalen, Molini dan Schettino (2017) apabila masyarakat mengalami polarisasi pendapatan, individu akan dikelompokkan sekitar purata kumpulan dan cenderung berada jauh daripada median untuk keseluruhan taburan. Oleh itu, keputusan kajian ini menunjukkan statistik deskriptif item atau soalan berkenaan polarisasi pendapatan. Terdapat 38 soalan berkenaan polarisasi pendapatan dan ditunjukkan dalam bentuk kekerapan, peratusan, median serta lain-lain. Soalan polarisasi pendapatan merangkumi kenaikan elit, pembentukan kumpulan, berkongsi trait, subkumpulan penduduk, perkembangan polarisasi pendapatan dan polarisasi pendapatan tulen.

Kenaikan elit adalah berkenaan pertambahan bilangan individu golongan berpendapatan tinggi yang terlibat dalam keusahawanan, pengurusan, kelas profesional, pertumbuhan dalam aras bawah dalam pasaran buruh, berpendidikan tinggi dan pekerjaan sektor tidak formal. Perkembangan polarisasi pendapatan merujuk kepada pertambahan pekerjaan perkhidmatan, pekerjaan awam, golongan pertengahan yang kaya yang menyumbang kepada pertumbuhan ekonomi, ketidaksamaan di bandar, ciri-ciri etnik, gaji, pekerja miskin, pekerja mahir, pekerja berkemahiran rendah dan penurunan pekerjaan kelas pertengahan akibat perdagangan bebas, pekerjaan bergaji tinggi di luar negara serta buruh murah di kawasan bandar. Pembentukan kumpulan merujuk kepada berlaku kepupusan subkumpulan berbeza, berbeza ciri-ciri dan darjah persamaan. Berkongsi trait merujuk kepada ras, pendapatan, pendidikan, agama dan umum. Subkumpulan penduduk merujuk kepada pengelompokan penduduk, keseragaman tinggi, perbezaan tinggi, ketegangan sosial, pertambahan konflik, pengaruh penduduk, ketidakstabilan politik dan konflik sosial.

## Pola Polarisasi Pendapatan

Jadual 4.1: Pola polarisasi pendapatan

| Soalan/ Item | Kekerapan | Peratusan (%) | Min | Median | Julat *Interquartile* | Julat *interquartile* | *Semi-* |
|---|---|---|---|---|---|---|---|
| 1 | | | 2.8 | 4.0000 | 3.00 | 1.5 | |
| TT | 154 | 35.5 | | | | | |
| STS | 39 | 9 | | | | | |
| TS | 20 | 4.6 | | | | | |
| S | 177 | 40.8 | | | | | |
| SS | 44 | 10.1 | | | | | |
| $\Sigma$ | 434 | 100 | | | | | |
| 2 | | | 2.9 | 4.0000 | 3.00 | 1.5 | |
| TT | 150 | 34.6 | | | | | |
| STS | 28 | 6.5 | | | | | |
| TS | 37 | 8.5 | | | | | |
| S | 153 | 35.3 | | | | | |
| SS | 66 | 15.2 | | | | | |
| $\Sigma$ | 434 | 100 | | | | | |
| 3 | | | 2.7 | 3.0000 | 3.00 | 1.5 | |
| TT | 166 | 38.2 | | | | | |
| STS | 39 | 9 | | | | | |
| TS | 26 | 6 | | | | | |
| S | 160 | 36.9 | | | | | |
| SS | 43 | 9.9 | | | | | |
| $\Sigma$ | 434 | 100 | | | | | |
| 4 | | | 2.8 | 3.0000 | 3.00 | 1.5 | |
| TT | 158 | 36.4 | | | | | |
| STS | 30 | 6.9 | | | | | |
| TS | 31 | 7.1 | | | | | |
| S | 164 | 37.8 | | | | | |
| SS | 51 | 11.8 | | | | | |
| $\Sigma$ | 434 | 100 | | | | | |

'sambungan'

| Soalan/ Item | Kekerapan | Peratusan (%) | Min | Median | Julat *Interquartile* | Julat *Semi-interquartile* |
|---|---|---|---|---|---|---|
| 5 | | | 2.8 | 3.0000 | 3.00 | 1.5 |
| TT | 152 | 35 | | | | |
| STS | 43 | 9.9 | | | | |
| TS | 32 | 7.4 | | | | |
| S | 165 | 38 | | | | |
| SS | 42 | 9.7 | | | | |
| Σ | 434 | 100 | | | | |
| 6 | | | 2.9 | 4.0000 | 3.00 | 1.5 |
| TT | 139 | 32 | | | | |
| STS | 35 | 8.1 | | | | |
| TS | 42 | 9.7 | | | | |
| S | 164 | 37.8 | | | | |
| SS | 54 | 12.4 | | | | |
| Σ | 434 | 100 | | | | |
| 7 | | | 2.7 | 3.0000 | 3.00 | 1.5 |
| TT | 150 | 34.6 | | | | |
| STS | 53 | 12.2 | | | | |
| TS | 36 | 8.3 | | | | |
| S | 149 | 34.3 | | | | |
| SS | 46 | 10.6 | | | | |
| Σ | 434 | 100 | | | | |
| 8 | | | 3.5 | 4.0000 | 3.00 | 1.5 |
| TT | 88 | 20.3 | | | | |
| STS | 22 | 5.1 | | | | |
| TS | 24 | 5.5 | | | | |
| S | 182 | 41.9 | | | | |
| SS | 118 | 27.2 | | | | |
| Σ | 434 | 100 | | | | |
| 9 | | | 2.8 | 3.0000 | 3.00 | 1.5 |
| TT | 132 | 30.4 | | | | |
| STS | 48 | 11.1 | | | | |
| TS | 82 | 18.9 | | | | |
| S | 110 | 25.3 | | | | |
| SS | 62 | 14.3 | | | | |
| Σ | 434 | 100 | | | | |
| 10 | | | 2.5 | 2.0000 | 3.00 | 1.5 |
| TT | 157 | 36.2 | | | | |
| STS | 72 | 16.6 | | | | |
| TS | 54 | 12.4 | | | | |
| S | 131 | 30.2 | | | | |
| SS | 20 | 4.6 | | | | |
| Σ | 434 | 100 | | | | |

'sambungan'

| Soalan/ Item | Kekerapan | Peratusan (%) | Min | Median | Julat *Interquartile* | Julat *Semi-interquartile* |
|---|---|---|---|---|---|---|
| 11 | | | 3.3 | 4.0000 | 2.00 | 1 |
| TT | 97 | 22.4 | | | | |
| STS | 42 | 9.7 | | | | |
| TS | 39 | 9 | | | | |
| S | 161 | 37.1 | | | | |
| SS | 95 | 21.9 | | | | |
| Σ | 434 | 100 | | | | |
| 12 | | | 3.2 | 4.0000 | 2.00 | 1 |
| TT | 92 | 21.2 | | | | |
| STS | 58 | 13.4 | | | | |
| TS | 44 | 10.1 | | | | |
| S | 162 | 37.3 | | | | |
| SS | 78 | 18 | | | | |
| Σ | 434 | 100 | | | | |
| 13 | | | 2.7 | 3.0000 | 3.00 | 1.5 |
| TT | 143 | 32.9 | | | | |
| STS | 51 | 11.8 | | | | |
| TS | 80 | 18.4 | | | | |
| S | 97 | 22.4 | | | | |
| SS | 63 | 14.5 | | | | |
| Σ | 434 | 100 | | | | |
| 14 | | | 3.2 | 4.0000 | 2.00 | 1 |
| TT | 93 | 21.4 | | | | |
| STS | 62 | 14.3 | | | | |
| TS | 31 | 7.1 | | | | |
| S | 160 | 36.9 | | | | |
| SS | 88 | 20.3 | | | | |
| Σ | 434 | 100 | | | | |
| 15 | | | 3.1 | 4.0000 | 2.00 | 1 |
| TT | 108 | 24.9 | | | | |
| STS | 46 | 10.6 | | | | |
| TS | 48 | 11.1 | | | | |
| S | 152 | 35 | | | | |
| SS | 80 | 18.4 | | | | |
| Σ | 434 | 100 | | | | |
| 16 | | | 3.4 | 4.0000 | 3.75 | 1.875 |
| TT | 109 | 25.1 | | | | |
| STS | 17 | 3.9 | | | | |
| TS | 32 | 7.4 | | | | |
| S | 162 | 37.3 | | | | |
| SS | 114 | 26.3 | | | | |
| Σ | 434 | 100 | | | | |

'sambungan'

| Soalan/ Item | Kekerapan | Peratusan (%) | Min | Median | Julat Interquartile | Julat Semi-interquartile |
|---|---|---|---|---|---|---|
| 17 | | | 3.5 | 4.0000 | 2.00 | 1 |
| TT | 98 | 22.6 | | | | |
| STS | 6 | 1.4 | | | | |
| TS | 32 | 7.4 | | | | |
| S | 159 | 36.6 | | | | |
| SS | 139 | 32 | | | | |
| Σ | 434 | 100 | | | | |
| 18 | | | 3.3 | 4.0000 | 2.00 | 1 |
| TT | 109 | 25.1 | | | | |
| STS | 13 | 3 | | | | |
| TS | 73 | 16.8 | | | | |
| S | 123 | 28.3 | | | | |
| SS | 116 | 26.7 | | | | |
| Σ | 434 | 100 | | | | |
| 19 | | | 3.4 | 4.0000 | 2.00 | 1 |
| TT | 97 | 22.4 | | | | |
| STS | 10 | 2.3 | | | | |
| TS | 56 | 12.9 | | | | |
| S | 147 | 33.9 | | | | |
| SS | 124 | 28.6 | | | | |
| Σ | 434 | 100 | | | | |
| 20 | | | 3.6 | 4.0000 | 2.00 | 1 |
| TT | 83 | 19.1 | | | | |
| STS | 10 | 2.3 | | | | |
| TS | 36 | 8.3 | | | | |
| S | 159 | 36.6 | | | | |
| SS | 146 | 33.6 | | | | |
| Σ | 434 | 100 | | | | |
| 21 | | | 2.8 | 3.0000 | 3.00 | 1.5 |
| TT | 131 | 30.2 | | | | |
| STS | 50 | 11.5 | | | | |
| TS | 76 | 17.5 | | | | |
| S | 122 | 28.1 | | | | |
| SS | 55 | 12.7 | | | | |
| Σ | 434 | 100 | | | | |
| 22 | | | 3.1 | 3.0000 | 2.00 | 1 |
| TT | 98 | 22.6 | | | | |
| STS | 60 | 13.8 | | | | |
| TS | 74 | 17.1 | | | | |
| S | 127 | 29.3 | | | | |
| SS | 75 | 17.3 | | | | |
| Σ | 434 | 100 | | | | |

'sambungan'

| Soalan/ Item | Kekerapan | Peratusan (%) | Min | Median | Julat Interquartile | Julat Semi-interquartile |
|---|---|---|---|---|---|---|
| 23 | | | 3.1 | 4.0000 | 2.00 | 1 |
| TT | 94 | 21.7 | | | | |
| STS | 72 | 16.6 | | | | |
| TS | 46 | 10.6 | | | | |
| S | 145 | 33.4 | | | | |
| SS | 77 | 17.7 | | | | |
| Σ | 434 | 100 | | | | |
| 24 | | | 2.8 | 3.0000 | 3.00 | 1.5 |
| TT | 128 | 29.5 | | | | |
| STS | 59 | 13.6 | | | | |
| TS | 84 | 19.4 | | | | |
| S | 116 | 26.7 | | | | |
| SS | 47 | 10.8 | | | | |
| Σ | 434 | 100 | | | | |
| 25 | | | 3.0 | 4.0000 | 2.00 | 1 |
| TT | 108 | 24.9 | | | | |
| STS | 42 | 9.7 | | | | |
| TS | 76 | 17.5 | | | | |
| S | 155 | 35.7 | | | | |
| SS | 53 | 12.2 | | | | |
| Σ | 434 | 100 | | | | |
| 26 | | | 2.8 | 4.0000 | 2.00 | 1 |
| TT | 108 | 24.9 | | | | |
| STS | 86 | 19.8 | | | | |
| TS | 79 | 18.2 | | | | |
| S | 125 | 28.8 | | | | |
| SS | 36 | 8.3 | | | | |
| Σ | 434 | 100 | | | | |
| 27 | | | 2.7 | 2.0000 | 3.00 | 1.5 |
| TT | 122 | 28.1 | | | | |
| STS | 105 | 24.2 | | | | |
| TS | 42 | 9.7 | | | | |
| S | 128 | 29.5 | | | | |
| SS | 37 | 8.5 | | | | |
| Σ | 434 | 100 | | | | |
| 28 | | | 3.3 | 4.0000 | 3.00 | 1.5 |
| TT | 108 | 24.9 | | | | |
| STS | 26 | 6 | | | | |
| TS | 58 | 13.4 | | | | |
| S | 121 | 27.9 | | | | |
| SS | 121 | 27.9 | | | | |
| Σ | 434 | 100 | | | | |

'sambungan'

| Soalan/ Item | Kekerapan | Peratusan (%) | Min | Median | Julat *Interquartile* | Julat *Semi-interquartile* |
|---|---|---|---|---|---|---|
| 29 | | | 3.2 | 4.0000 | 3.00 | 1.5 |
| TT | 117 | 27 | | | | |
| STS | 30 | 6.9 | | | | |
| TS | 26 | 6 | | | | |
| S | 182 | 41.9 | | | | |
| SS | 79 | 18.2 | | | | |
| Σ | 434 | 100 | | | | |
| 30 | | | 3.0 | 3.0000 | 3.00 | 1.5 |
| TT | 114 | 26.3 | | | | |
| STS | 38 | 8.8 | | | | |
| TS | 97 | 22.4 | | | | |
| S | 113 | 26 | | | | |
| SS | 72 | 16.6 | | | | |
| Σ | 434 | 100 | | | | |
| 31 | | | 3.3 | 4.0000 | 3.00 | 1.5 |
| TT | 109 | 25.1 | | | | |
| STS | 32 | 7.4 | | | | |
| TS | 24 | 5.5 | | | | |
| S | 176 | 40.6 | | | | |
| SS | 93 | 21.4 | | | | |
| Σ | 434 | 100 | | | | |
| 32 | | | 3.2 | 4.0000 | 3.00 | 1.5 |
| TT | 115 | 26.5 | | | | |
| STS | 31 | 7.1 | | | | |
| TS | 34 | 7.8 | | | | |
| S | 169 | 38.9 | | | | |
| SS | 85 | 19.6 | | | | |
| Σ | 434 | 100 | | | | |
| 33 | | | 3.1 | 3.0000 | 2.00 | 1 |
| TT | 103 | 23.7 | | | | |
| STS | 36 | 8.3 | | | | |
| TS | 93 | 21.4 | | | | |
| S | 120 | 27.6 | | | | |
| SS | 82 | 18.9 | | | | |
| Σ | 434 | 100 | | | | |
| 34 | | | 2.6 | 3.0000 | 3.00 | 1.5 |
| TT | 165 | 38 | | | | |
| STS | 45 | 10.4 | | | | |
| TS | 42 | 9.7 | | | | |
| S | 149 | 34.3 | | | | |
| SS | 33 | 7.6 | | | | |
| Σ | 434 | 100 | | | | |

'sambungan'

| Soalan/ Item | Kekerapan | Peratusan (%) | Min | Median | Julat *Interquartile* | Julat *Semi-interquartile* |
|---|---|---|---|---|---|---|
| 35 | | | 2.9 | 3.0000 | 3.00 | 1.5 |
| TT | 144 | 33.2 | | | | |
| STS | 32 | 7.4 | | | | |
| TS | 48 | 11.1 | | | | |
| S | 149 | 34.3 | | | | |
| SS | 61 | 14.1 | | | | |
| Σ | 434 | 100 | | | | |
| 36 | | | 2.9 | 4.0000 | 3.00 | 1.5 |
| TT | 144 | 33.2 | | | | |
| STS | 38 | 8.8 | | | | |
| TS | 32 | 7.4 | | | | |
| S | 163 | 37.6 | | | | |
| SS | 57 | 13.1 | | | | |
| Σ | 434 | 100 | | | | |
| 37 | | | 2.7 | 3.0000 | 3.00 | 1.5 |
| TT | 123 | 28.3 | | | | |
| STS | 80 | 18.4 | | | | |
| TS | 81 | 18.7 | | | | |
| S | 118 | 27.2 | | | | |
| SS | 32 | 7.4 | | | | |
| Σ | 434 | 100 | | | | |
| 38 | | | 3.0 | 3.0000 | 2.00 | 1 |
| TT | 92 | 21.2 | | | | |
| STS | 57 | 13.1 | | | | |
| TS | 77 | 17.7 | | | | |
| S | 170 | 39.2 | | | | |
| SS | 38 | 8.8 | | | | |
| Σ | 434 | 100 | | | | |

Nota:
TT – Tidak tahu
STS – Sangat tidak setuju
TS – Tidak setuju
S - Setuju
SS – Sangat setuju
Σ - Jumlah
1 = Globalisasi mempunyai kaitan dengan polarisasi pendapatan di kawasan bandar.
2 = Kenaikan elit sektor persendirian dalam keusahawanan merupakan ciri-ciri polarisasi pendapatan.
3 = Kenaikan elit sektor persendirian dalam pengurusan merupakan ciri-ciri polarisasi pendapatan.
4 = Kenaikan elit sektor persendirian dalam kelas profesional merupakan ciri-ciri polarisasi pendapatan.
5 = Kenaikan elit sektor persendirian dalam pertumbuhan individu pada aras bawah dalam pasaran buruh merupakan ciri-ciri polarisasi pendapatan.
6 = Kenaikan elit sektor persendirian dalam pengembangan serentak elit yang sangat berpendidikan tinggi merupakan polarisasi pendapatan.
7 = Kenaikan elit sektor persendirian dalam pekerja sektor tidak formal berlaku di bandar.
8 = Kenaikan pekerjaan perkhidmatan berlaku di bandar.
9 = Penurunan pekerjaan awam berlaku di bandar.
10 = Sebahagian besar golongan pertengahan yang kaya menyumbang pada pertumbuhan ekonomi dalam pelbagai cara yang merupakan sebab polarisasi pendapatan.
11 = Ketidaksamaan berlaku di bandar.
12 = Pembentukan kumpulan adalah berlaku di kawasan bandar.
13 = Berlaku kepupusan (luput) subkumpulan berbeza di kawasan bandar.
14 = Individu adalah berbeza dalam ciri-ciri tertentu di kawasan bandar.
15 = Subkumpulan yang seragam boleh wujud di mana individu melihat satu darjah persamaan dalam setiap kumpulan.
16 = Individu dalam masyarakat bandar berkongsi trait umum.
17 = Individu dalam masyarakat bandar berkongsi ciri-ciri ras.
18 = Individu dalam masyarakat bandar berkongsi ciri-ciri pendapatan.
19 = Individu dalam masyarakat bandar berkongsi ciri-ciri pendidikan.
20 = Individu dalam masyarakat bandar berkongsi ciri-ciri agama.
21 = Pengelompokan subkumpulan penduduk dalam bilangan kecil di tempat yang jauh berlaku di bandar.
22 = Keseragaman tinggi dalam setiap kumpulan di bandar.

23 = Kepelbagaian atau perbezaan yang tinggi merentasi kumpulan yang berbeza.
24 = Bilangan kecil dalam kumpulan besar (kumpulan bersaiz kecil mempunyai sedikit pengaruh ke atas penduduk secara keseluruhan) berlaku di bandar.
25 = Ketegangan sosial berlaku di kawasan bandar.
26 = Pertambahan konflik berlaku di kawasan bandar.
27 = Pendapatan sebenar digunakan untuk mengenal pasti kumpulan atau untuk mengelompokkan populasi di bandar.
28 = Ciri-ciri keetnikan digunakan untuk mengenal pasti kumpulan atau untuk mengelompokkan populasi di bandar.
29 = Pertambahan bilangan individu dengan pendapatan yang agak tinggi atau agak rendah berlaku di kawasan bandar.
30 = Upah sebenar tidak berkembang di kawasan bandar.
31 = Pekerja miskin atau pendapatan di bawah garis kemiskinan wujud di kawasan bandar.
32 = Pekerja mahir mendapat permintaan tinggi di kawasan bandar.
33 = Pekerja berkemahiran rendah mengalami penurunan permintaan di kawasan bandar.
34 = Kehilangan pekerjaan kelas pertengahan melalui perdagangan bebas berlaku di kawasan bandar.
35 = Kehilangan pekerjaan kelas pertengahan melalui pekerjaan bergaji tinggi di luar negara berlaku di kawasan bandar.
36 = Kehilangan pekerjaan kelas pertengahan melalui kepentingan buruh murah berlaku di kawasan bandar.
37 = Ketidakstabilan politik berlaku di kawasan bandar.
38 = Konflik sosial berlaku di kawasan bandar.

Jadual 4.1 menjelaskan keputusan kajian berkenaan soalan-soalan polarisasi pendapatan. Item globalisasi mempunyai kaitan dengan polarisasi pendapatan di kawasan bandar menunjukkan 177 orang (40.8 peratus; median = 4.0000) responden bersetuju. Julat *semi interquartile* ialah 1.5. Item kenaikan elit sektor persendirian dalam keusahawanan merupakan ciri-ciri polarisasi pendapatan menunjukkan seramai 153 orang (35.3 peratus; median = 4.0000) responden bersetuju. Julat *semi interquartile* ialah 1.5. Item kenaikan elit sektor persendirian dalam pengurusan merupakan ciri-ciri polarisasi pendapatan menunjukkan seramai 166 orang (38.2 peratus; median = 3.0000) responden tidak tahu. Julat *semi interquartile* ialah 1.5.

Item kenaikan elit sektor persendirian dalam kelas profesional merupakan ciri-ciri polarisasi pendapatan menunjukkan majoriti responden bersetuju iaitu seramai 164 orang (37.8 peratus; median = 3.0000). Julat *semi interquartile* ialah 1.5. Majoriti responden bersetuju dengan item kenaikan elit sektor persendirian dalam pertumbuhan individu pada aras bawah dalam pasaran buruh merupakan ciri-ciri polarisasi pendapatan iaitu seramai 165 orang (38 peratus; median = 3.0000). Julat *semi interquartile* adalah 1.5. Item kenaikan elit sektor persendirian dalam pengembangan serentak elit yang sangat berpendidikan tinggi merupakan polarisasi pendapatan menunjukkan responden bersetuju iaitu seramai 164 orang (37.8 peratus; median = 4.0000). Julat *semi interquartile* adalah 1.5. Item kenaikan elit sektor persendirian dalam pekerja sektor tidak formal berlaku di bandar menunjukkan responden tidak tahu iaitu seramai 150 orang (34.6 peratus; 3.0000). Julat *semi interquartile* adalah 1.5.

Majoriti responden bersetuju dengan item kenaikan pekerjaan perkhidmatan berlaku di bandar iaitu seramai 182 orang (41.9 peratus; median = 4.0000). Julat *semi-interquartile* adalah 1.5. Item penurunan pekerjaan awam berlaku di bandar menunjukkan seramai 132 orang (30.4 peratus; median = 3.0000) responden tidak tahu. Julat *semi interquartile* adalah 1.5. Item sebahagian besar golongan pertengahan yang kaya menyumbang pada pertumbuhan ekonomi dalam pelbagai cara yang merupakan sebab polarisasi pendapatan menunjukkan seramai 157 orang (36.2 peratus; median = 2.0000) tidak tahu. Julat *semi interquartile* adalah 1.5. Item ketidaksamaan berlaku di bandar menunjukkan 161 orang (37.1 peratus; median = 4.0000) responden bersetuju. Julat *semi interquartile* adalah 1. Item pembentukan kumpulan adalah berlaku di kawasan bandar menunjukkan seramai 162 orang (37.3 peratus; median = 4.0000) bersetuju. Julat *semi interquartile* ialah 1. Item berlaku kepupusan (luput) subkumpulan berbeza di kawasan bandar menunjukkan seramai 143 orang (32.9 peratus; median = 3.0000) tidak tahu. Julat *semi interquartile* adalah 1.5. Item individu adalah berbeza dalam ciri-ciri tertentu di kawasan bandar menunjukkan seramai 160 orang (36.9 peratus; median = 4.0000) bersetuju. Julat *semi interquartile* ialah 1.

Item subkumpulan yang seragam boleh wujud di mana individu melihat satu darjah persamaan dalam setiap kumpulan menunjukkan seramai 152 orang (35 peratus; median = 4.0000) responden bersetuju. Julat *semi interquartile* ialah 1. Item individu dalam masyarakat bandar berkongsi trait umum menunjukkan 162 orang (37.3 peratus; median 4.0000) responden bersetuju. Julat *semi interquartile* ialah 1.875. Item individu dalam masyarakat bandar berkongsi ciri-ciri ras menunjukkan seramai 159 orang (36.6 peratus; median = 4.0000) responden bersetuju. Julat *semi interquartile* ialah 1. Item individu dalam masyarakat bandar berkongsi ciri-ciri pendapatan menunjukkan 123 orang (28.3 peratus; median = 4.0000) responden bersetuju. Julat *semi interquartile* ialah 1. Item individu dalam masyarakat bandar berkongsi ciri-ciri pendidikan menunjukkan seramai 147 orang (33.9 peratus; median = 4.0000) responden bersetuju. Julat *semi interquartile* ialah 1. Item individu dalam masyarakat bandar berkongsi ciri-ciri agama menunjukkan seramai 159 orang (36.6 peratus; median = 4.0000) responden bersetuju. Julat *semi interquartile* ialah 1.

Item pengelompokan subkumpulan penduduk dalam bilangan kecil di tempat yang jauh berlaku di bandar menunjukkan majoriti responden tidak tahu iaitu seramai 131 orang (30.2 peratus; median = 3.0000). Julat *semi interquartile* ialah 1.5. Majoriti responden bersetuju dengan item keseragaman tinggi dalam setiap kumpulan di bandar iaitu seramai 127 orang (29.3 peratus; median = 3.0000). Julat *semi interquartile* adalah 1. Item kepelbagaian atau perbezaan yang tinggi merentasi kumpulan yang berbeza menunjukkan responden bersetuju iaitu seramai 145 orang (33.4 peratus; median = 4.0000). Julat *semi interquartile* adalah 1. Item bilangan kecil dalam kumpulan besar (kumpulan bersaiz kecil mempunyai sedikit pengaruh ke atas penduduk secara keseluruhan) berlaku di bandar menunjukkan responden tidak tahu iaitu seramai 128 orang (29.5 peratus; 3.0000). Julat *semi interquartile* adalah 1.5. Majoriti responden bersetuju dengan item ketegangan sosial berlaku di kawasan bandar iaitu seramai 155 orang (35.7 peratus; median = 4.0000). Julat *semi-interquartile* adalah 1. Item pertambahan konflik berlaku di kawasan bandar menunjukkan seramai 125 orang (28.8 peratus; median = 4.0000) responden bersetuju. Julat *semi interquartile* adalah 1.

Item pendapatan sebenar digunakan untuk mengenal pasti kumpulan atau untuk mengelompokkan populasi di bandar menunjukkan seramai 128 orang (29.5 peratus; median = 2.0000) bersetuju. Julat *semi interquartile* adalah 1.5. Item ciri-ciri keetnikan digunakan untuk mengenal pasti kumpulan atau untuk mengelompokkan populasi di bandar menunjukkan responden bersetuju dan sangat bersetuju iaitu masing-masing 121 orang (27.9 peratus; median = 4.0000) responden. Julat *semi interquartile* adalah 1.5. Item pertambahan bilangan individu dengan pendapatan yang agak tinggi atau agak rendah berlaku di kawasan bandar menunjukkan seramai 182 orang (41.9 peratus; median = 4.0000) bersetuju. Julat *semi interquartile* ialah 1.5. Item upah sebenar tidak berkembang di kawasan bandar menunjukkan seramai 114 orang (26.3 peratus; median = 3.0000) responden tidak tahu. Julat *semi interquartile* adalah 1.5. Item pekerja miskin atau pendapatan di bawah garis kemiskinan wujud di kawasan bandar menunjukkan seramai 176 orang (40.6 peratus; median = 4.0000) responden bersetuju. Julat *semi interquartile* ialah 1.5.

Item pekerja mahir mendapat permintaan tinggi di kawasan bandar menunjukkan seramai 169 orang (38.9 peratus; median = 4.0000) responden bersetuju. Julat *semi interquartile* ialah 1.5. Item pekerja berkemahiran rendah mengalami penurunan permintaan di kawasan bandar menunjukkan 120 orang (27.6 peratus; median 3.0000) responden bersetuju. Julat *semi interquartile* ialah 1. Item kehilangan pekerjaan kelas pertengahan melalui perdagangan bebas berlaku di kawasan bandar menunjukkan seramai 165 orang (38 peratus; median = 3.0000) responden tidak tahu. Julat *semi interquartile* ialah 1.5. Item kehilangan pekerjaan kelas pertengahan melalui pekerjaan bergaji tinggi di luar negara berlaku di kawasan bandar menunjukkan 149 orang (34.3 peratus; median = 3.0000) responden bersetuju. Julat *semi interquartile* ialah 1.5. Item kehilangan pekerjaan kelas pertengahan melalui kepentingan buruh murah berlaku di kawasan bandar menunjukkan seramai 163 orang (37.6 peratus; median = 4.0000) responden bersetuju. Julat *semi interquartile* ialah 1.5. Item ketidakstabilan politik berlaku di kawasan bandar menunjukkan seramai 123 orang (28.3 peratus; median = 3.0000) responden tidak tahu. Julat *semi interquartile* ialah 1.5. Item konflik sosial berlaku di kawasan bandar menunjukkan majoriti responden bersetuju iaitu seramai 170 orang (39.2 peratus; median = 3.0000). Julat *semi interquartile* ialah 1.

Statistik peratusan menunjukkan lebih daripada separuh item mendapat persetujuan daripada responden dan hanya 10 soalan yang tidak mendapat persetujuan responden iaitu responden memilih jawapan tidak tahu. Soalan tersebut ialah seperti berikut:

1. Kenaikan elit sektor persendirian dalam pengurusan merupakan ciri-ciri polarisasi pendapatan.
2. Kenaikan elit sektor persendirian dalam pekerja sektor tidak formal berlaku di bandar.
3. Penurunan pekerjaan awam berlaku di bandar.
4. Sebahagian besar golongan pertengahan yang kaya menyumbang pada pertumbuhan ekonomi dalam pelbagai cara yang merupakan sebab polarisasi pendapatan.
5. Berlaku kepupusan (luput) subkumpulan berbeza di kawasan bandar.
6. Pengelompokan subkumpulan penduduk dalam bilangan kecil di tempat yang jauh berlaku di bandar.
7. Bilangan kecil dalam kumpulan besar (kumpulan bersaiz kecil mempunyai sedikit pengaruh ke atas penduduk secara keseluruhan) berlaku di bandar.
8. Upah sebenar tidak berkembang di kawasan bandar.
9. Kehilangan pekerjaan kelas pertengahan melalui perdagangan bebas berlaku di kawasan bandar.
10. Ketidakstabilan politik berlaku di kawasan bandar.

Walau bagaimanapun berdasarkan Marshall, Lockwood, Lewis dan Fiander (2004) nilai *semi-interquartile range* 0.5 atau kurang adalah menunjukkan konsensus atau sepersetujuan sebulat suara. Kesemua item menunjukkan nilai *semi-interquartile range* lebih dan sama dengan 1. Oleh itu, kesemua responden tidak menunjukkan konsensus ke atas soalan yang dikemukakan dalam borang soal selidik. Menurut Polgar dan Thomas (2008) semakin besar nilai *semi-interquartile range* semakin banyak skor yang tersebar di median. Keputusan menunjukkan kesemua soalan mempunyai nilai yang hampir dengan median (median = 2.0000).

Berdasarkan kepada keputusan kajian yang menunjukkan responden memilih jawapan bersetuju bagi hampir kesemua soalan oleh itu dapat dirumuskan bahawa berlaku pertambahan polarisasi pendapatan yang memberi kesan ke atas isi rumah di bawah median. Keputusan kajian ini berbeza dengan keputusan kajian oleh Clementi dan Schettino (2013) iaitu ukuran bagi pendapatan isi rumah tahunan dari tahun 2001 hingga 2011 menunjukkan syer pendapatan persentil golongan paling miskin dalam populasi bertambah pada purata antara kira-kira 2 peratus dan 3 peratus per setahun dalam tempoh masa yang dikaji. Walau bagaimanapun persentil golongan paling kaya menunjukkan syer menurun sekitar 1 peratus atau lebih. Ketidaksamaan menunjukkan perbaikan berlaku iaitu indeks Theil dan Gini profil masa yang hampir sama yang menandakan purata tahunan menurun iaitu indeks Gini sebanyak 1 peratus dan indeks Theil adalah 2 peratus. Terdapat perubahan yang berhubungan dalam taburan pendapatan orang Brazil walaupun terdapat kejatuhan yang besar dalam ketidaksamaan pendapatan. Analisis ke atas pendapatan isi rumah yang diselaraskan saiz menandakan peningkatan keseluruhan dalam taburan terutamanya dari tahun 2005 ke atas yang sebahagiannya menutup kecenderungan polarisasi pendapatan. Setelah dikawal peningkatan median dapat dikesan kenaikan yang lebih jelas dalam polarisasi terutamanya disebabkan oleh pengurangan golongan berpendapatan yang lebih rendah yang mengimbangi penumpuan golongan berpendapatan lebih tinggi dalam median. Sebaliknya, bermula dari tahun 2007 proses polarisasi pendapatan isi rumah adalah lebih jelas.

Keputusan kajian juga berbeza dengan beberapa kajian lain seperti oleh Fernandez, Rodriguez dan Gonzalez (2015) yang menyatakan berlaku pertambahan polarisasi untuk semua ciri-ciri terpilih kecuali untuk kawasan satu kerana tingkah laku *counter cyclical* berkenaan pasaran buruh kawasan Spanish. Aras pendidikan dan cabang aktiviti dicirikan dengan aras tertinggi polarisasi, oleh itu merupakan faktor utama ciri-ciri populasi. Topik seperti kemiskinan, ketidaksamaan dan polarisasi pada umumnya ditekankan dalam senario kemelesetan kerana semua aspek tersebut membicarakan aspek pengagihan dalam pendapatan dan kemerosotan yang berlaku berkaitan dengan semua aspek tersebut akan memberi kesan yang serius untuk kesejahteraan sosial. Terdapat perbezaan jelas antara ketiga-tiga aspek tersebut. Kemiskinan membicarakan ketidakpuasan hati berkenaan keperluan asas dalam sebahagian masyarakat; ketidaksamaan memfokuskan penumpuan kepada purata global dalam taburan pendapatan; dan polarisasi memfokuskan kepada pengelompokan sekitar purata tempatan. Polarisasi menurun dalam tahun 2008 untuk gender, pendidikan, status pekerjaan dan cabang pendekatan aktiviti.

Polarisasi adalah satu indikator sosial tambahan yang menarik untuk menganalisis ketidaksamaan pendapatan dan kemiskinan merentasi negara kerana mengutip data berkenaan fenomena pengelompokan sekitar kutub ekstrem. Peningkatan polarisasi pendapatan akan memberi kesan negatif kerana sangat berkait rapat dengan kemiskinan, pengecualian sosial, tekanan sosial dan kekacauan sosial (Muhammad Faraz Riaz, Sofia Anwar dan Samia Nasree, 2015).

Ketidaksamaan tidak meningkatkan risiko konflik keganasan walau bagaimanapun konflik adalah satu konsep yang berkait rapat dengan polarisasi ekonomi dan etnik iaitu ketidaksamaan mendatar atau ketidaksamaan yang bertepatan dengan perpecahan berasaskan identiti. Ketidaksamaan mendatar mungkin meningkatkan ketidakpuasan hati dan perpaduan kumpulan di kalangan kumpulan miskin secara relatif dan kemudian memudahkan mobilisasi untuk konflik. Data isi rumah kebangsaan daripada Demographic and Health Surveys (DHS) digunakan untuk membina ukuran polarisasi etnik, sosial dan ekonomi serta ketidaksamaan menegak dan mendatar sepanjang dua dimensi iaitu sosial serta ekonomi. Polarisasi sosial dan ketidaksamaan sosial mendatar adalah berkaitan secara positif dengan konflik (Ostby, 2008).

Geografi ekonomi dan sosial tempoh selepas industri sezaman telah mendefinisikan semula model konvensional bandar Kanada. Transformasi sosial, politik dan ekonomi telah menambah aras kerumitan dan ketidaksamaan baru kepada sistem bandar kebangsaan. De-perindustrian selepas tahun 1970an adalah khususnya kuasa penting untuk perubahan, didorong oleh bentuk baru pekerjaan dan mengubah permintaan untuk tanah bandar serta seringkali dihasilkan dalam landskap bandar baru. Selepas beberapa tahun, hasil adalah melibatkan penstrukturan semula secara besar-besaran dalam bandar daripada zon industri kolar biru untuk membangunkan semula kediaman, komersil dan daerah untuk rekreasi, dengan kemasukan profesional kelas menengah serta kakitangan pengurusan yang bekerja dalam perkhidmatan maju pusat bandar dan di dalam bandar. Tambahan lagi, skala kawasan, pengembangan perbandaran pinggir bandar telah meneruskan pergerakan pantas yang semakin berkembang definisi, berkenaan status kelas menengah tradisional dan kepelbagaian termasuk daerah pendatang serta pendapatan rendah. Peralihan yang penting telah berlaku pada tahun 2005 kerana bahagian kejiranan pendapatan pertengahan jatuh kepada 53 peratus dalam banci kawasan. Pertambahan yang besar telah berlaku dalam dua kutub iaitu atas dan bawah kelas pendapatan menengah. Bahagian kejiranan pendapatan rendah dan sangat rendah bertambah daripada 13 peratus kepada 23 peratus serta bahagian kejiranan pendapatan tinggi dan sangat tinggi bertambah daripada 16 peratus kepada 24 peratus. Terdapat bukti yang jelas dalam polarisasi pendapatan dengan pertumbuhan dalam kategori atas dan bawah pendapatan pendapatan menengah serta mengosongkan kategori pendapatan menengah. Terdapat banyak bahagian atas dan bawah kategori pendapatan menengah tersebar dalam kawasan pinggir bandar, penumpuan utama kekayaan serta kemiskinan adalah sama untuk pendapatan isi rumah kerana pendapatan individu dengan kategori pendapatan lebih rendah berkembang untuk menduduki keseluruhan semenanjung bandar dan satu lingkaran kejiranan berkembang. Kemerosotan kategori pendapatan pertengahan (daripada 62 peratus kepada 48 peratus) berlaku semula (Ley dan Lynch, 2012).

Benassi, Cellini dan Chirco (1999) memfokuskan firma monopolistik dalam taburan yang menyebabkan polarisasi pendapatan yang menemui pergerakan dalam harga yang ditetapkan dan dalam kuantiti yang dijual bergantung kepada syer pasaran yang ada. Situasi ini merupakan isu umum berkenaan hubungan antara taburan pendapatan peribadi dan tingkah laku optimum firma. Josifidis dan Supic (2018) membicarakan aspek pola polarisasi pendapatan di negara Amerika Syarikat di kalangan kelas menengah. Berbeza dengan gelombang industri terdahulu, gelombang semasa dan revolusi industri yang sedang berjalan adalah dicirikan oleh pertumbuhan kadar pengangguran kerana pekerjaan yang diwujudkan adalah berorientasikan sektor baru intensif idea. Penumpuan dalam inovasi oleh modal korporat membataskan kuasa masyarakat untuk mengurangkan ketidaksamaan dan menyediakan kestabilan sosial yang lebih besar melalui produktiviti dalam kemajuan teknologi. Kemerosotan dalam taburan pendapatan adalah hasil dari interaksi sebilangan faktor dan pengaruh kemajuan teknologi yang tidak dapat dielakkan. Polarisasi pendapatan adalah berkaitan kawalan awam atau persendirian ke atas inovasi. Kemajuan teknologi mempunyai kesan positif ke atas syer pendapatan 10 peratus di bahagian atas manakala kesan negatif ke atas kumpulan syer 40 peratus di bahagian tengah dan syer pendapatan 50 peratus di bahagian bawah. Kesan inovasi ke atas syer pendapatan adalah bergantung kepada nisbah pelaburan penyelidikan dan pembangunan awam atau persendirian. Dominasi golongan persendirian ke atas pelaburan awam dalam penyelidikan dan pembangunan meningkatkan kesan positif dalam inovasi ke atas penumpuan pendapatan untuk golongan syer 10 peratus di bahagian atas manakala kesan negatif ke atas golongan syer 40 peratus di bahagian menengah dan 50 peratus di bahagian bawah.

## Kesimpulan

Bab ini menjelaskan keputusan kajian dalam bentuk pola atau corak polarisasi pendapatan di tiga bandaraya yang dikaji untuk menunjukkan ciri-ciri polarisasi pendapatan yang berlaku. Hasil analisis adalah dalam bentuk kekerapan, peratusan, min, mod, median dan julat ke atas beberapa aspek kajian seperti kenaikan elit, subkumpulan penduduk, perkembangan polarisasi pendapatan, pembentukan kumpulan, berkongsi trait dan polarisasi pendapatan tulen. Ciri-ciri polarisasi pendapatan adalah berdasarkan kepada aspek tersebut walau bagaimanapun sepuluh soalan yang menunjukkan responden tidak mengetahui berkenaan aspek yang ditanya. Hasil kajian adalah berbeza dengan kajian terdahulu seperti kajian oleh Clementi, Dabalen, Molini dan Schettino (2017) yang menunjukkan apabila masyarakat mengalami polarisasi pendapatan, individu akan dikelompokkan sekitar purata kumpulan dan cenderung berada jauh daripada median untuk keseluruhan taburan.

Nilai *semi-interquartile range* 0.5 atau kurang adalah menunjukkan sepersetujuan sebulat suara. Kesemua soalan mempunyai nilai *semi-interquartile range* lebih dan sama dengan 1 serta semua responden tidak menunjukkan konsensus ke atas soalan yang dikemukakan dalam borang soal selidik. Semakin besar nilai *semi-interquartile range* semakin banyak skor yang tersebar di median. Keputusan menunjukkan kebanyakan soalan mempunyai nilai yang hampir dengan median (median = 2.0000). Berdasarkan kepada keputusan kajian yang menunjukkan responden memilih jawapan bersetuju bagi hampir kesemua soalan oleh itu dapat dirumuskan bahawa berlaku pertambahan polarisasi pendapatan yang memberi kesan ke atas isi rumah di bawah median. Keputusan kajian adalah berbeza dengan beberapa kajian lain seperti oleh Fernandez et al. (2015) dan penyelidik lain.

# Bab 5

# Impak Berpotensi Polarisasi Pendapatan, Cadangan Dan Rumusan

# Bab 5

# Impak Berpotensi Polarisasi Pendapatan, Cadangan Dan Rumusan

## Pendahuluan

Kajian ini mempunyai limitasi iaitu penggunaan tinjauan melalui telefon di samping tinjauan di lapangan. Tinjauan melalui telefon mempunyai beberapa kelemahan menurut Sincero (2017) seperti kelemahan dari segi kekangan masa. Tinjauan melalui telefon menyebabkan kesukaran kepada responden untuk menjawab borang soal selidik dalam masa yang singkat. Kelemahan tinjauan melalui telefon yang seterusnya ialah sukar untuk mendapatkan responden sebagai contohnya dalam kajian ini terdapat nombor telefon yang sudah ditamatkan perkhidmatan, nombor yang bertukar pelanggan (pemilik), panggilan tidak dijawab dan terdapat pemilik nombor telefon yang menggunakan tapisan panggilan sehingga sukar untuk mendapat jawapan daripada pemilik nombor telefon. Kaedah ini juga tidak dapat memberi peluang kepada responden untuk memberikan tanggapan yang sebenar kerana responden tidak dapat melihat soalan yang dikaji. Menurut Boland, Sweeney, Scallan, Harrington dan Staines (2006) tinjauan melalui telefon juga mempunyai limitasi dari segi perwakilan kerana sampel yang tidak mempunyai talian telefon tidak akan menjadi responden dalam kajian. Sampel yang menggunakan talian telefon bimbit atau yang sudah menamatkan perkhidmatan adalah tidak berpeluang untuk menjadi responden.

# Impak Berpotensi Polarisasi Pendapatan

Kesan sampingan polarisasi adalah kecenderungan ke arah polarisasi selari dalam pola lokasi penduduk iaitu golongan berkemahiran rendah cenderung tinggal di kawasan yang harta dan aset dijual pada harga yang murah dan golongan berkemahiran tinggi tinggal di kawasan yang harta dan aset dijual pada harga yang mahal (Hussain dan Jonassen, 2008). Lebih banyak polarisasi pendapatan muncul dari masa ke semasa kerana meninggalkan kategori kelas pertengahan untuk menyertai kelompok kelas pendapatan tinggi dan rendah. Peralihan ini telah meningkatkan lebih banyak geografi kompleks dalam tahun 2005 berbanding dalam tahun 1970 dengan kejiranan berpendapatan rendah dan tinggi di kawasan bandaraya dan pinggir bandar. Pendapatan isi rumah adalah lebih terpolar berbanding pendapatan individu dalam tempoh masa tahun 2005 dan 1970 dengan jumlah yang lebih besar adalah dari kumpulan atas dan bawah pendapatan pertengahan. Apabila pendapatan isi rumah dipetakan lebih banyak kumpulan pendapatan tinggi berbanding apabila dipetakan pendapatan individu, pola ini adalah lebih ketara pada tahun 2005 berbanding pada tahun 1970 (Ley dan Lynch, 2012).

Pertumbuhan kawasan pendapatan rendah semakin merosot kelas pendapatan menengah. Pendapatan adalah satu ciri yang menentukan status sosioekonomi. Terdapat beberapa hubungan utama yang berkaitan dengan ketidaksamaan pendapatan dan polarisasi merentasi kejiranan di kawasan kajian (Ley dan Lynch, 2012). Terdapat banyak konfigurasi semula model sepusat pada tahun 1950an dan 1960an apabila isi rumah miskin hidup di dalam bandaraya manakala pinggir bandar adalah didominasi oleh kelas menengah dan keseluruhan kawasan metropolitan adalah terdiri daripada penduduk asal Eropah. Golongan miskin dan pendatang bertumpu di dalam bandaraya adalah dipindahkan kerana perbandaran kejiranan dan pelaburan semula projek pembangunan semula bandar yang besar. Daerah miskin adalah tersebar melalui banyak pinggir bandar manakala pendatang penduduk yang baru dan sudah lama menetap adalah berpindah ke majlis perbandaran dalam bilangan yang besar. Terdapat banyak kawasan stabil dalam peta kejiranan bandar. Kawasan kaya khususnya telah bertahan dan dalam tahun kebelakangan ini berkembang melalui penambahan stabil di sempadan manakala pengukuhan kekayaan dalam kawasan elit sedia ada telah berlaku dengan gaji yang sangat tinggi yang diterima oleh eksekutif dan profesional atasan dalam ekonomi globalisasi bandaraya selepas industri (Ley dan Lynch, 2012).

# Cadangan

Cadangan kajian masa hadapan adalah boleh menumpukan kepada pertalian perkhidmatan awam dan polarisasi pendapatan secara lebih terperinci untuk menentukan pengaruh perkhidmatan awam ke atas fenomena polarisasi pendapatan. Perkhidmatan awam adalah komponen yang terdapat dalam pemboleh ubah perbandaran, oleh itu melalui kajian yang lebih terperinci ke atas perkhidmatan awam seperti kesihatan dan pendidikan maka dapat membantu menangani masalah polarisasi pendapatan dengan lebih baik. Selain itu, kajian masa hadapan juga boleh menumpukan kepada jurang antara penduduk kaya dan miskin serta pertalian dengan perkhidmatan awam seperti kesihatan dan pendidikan. Kajian ke atas jurang golongan kaya dan miskin bukan sahaja merangkumi kumpulan kelas menengah tetapi juga mengkaji tentang kemiskinan. Oleh itu, proses perbandaran yang merangkumi kesihatan dan pendidikan boleh dikaji dengan lebih terperinci berkenaan jurang antara golongan kaya dan miskin. Melalui kajian yang lebih terperinci dapat membantu masyarakat untuk mengatasi masalah jurang antara golongan kaya dan miskin serta polarisasi pendapatan.

Bukti atau jawapan responden dalam kajian berkenaan polarisasi adalah pelbagai dan terdapat responden yang mencadangkan individu untuk berfikir dari segi ketidaksamaan manakala responden yang lain mencadangkan perkara yang bertentangan. Oleh itu, bagi mengatasi masalah perbezaan jawapan perlu mengkaji semula makna atau definisi polarisasi (Amiel et al. 2007). Antara strategi bagi penduduk kelas menengah adalah mengekalkan peruntukan keperluan asas dan peluang serta aktiviti pendidikan kanak-kanak (Inversen, Napolitano dan Furstenberg, 2011). Strategi dijalankan untuk menjana pendapatan dengan kadar faedah tidak langsung. Perhatian diberikan kepada menghubungkan strategi dasar kewangan dalam keadaan kosong golongan aras bawah atau rendah. Dalam keadaan kadar faedah rendah pelabur institusi yang menghasilkan pendapatan berhadapan dengan keseimbangan atau pertukaran antara (Bouye dan Wang, 2015):

a. Mengekalkan kadar faedah jangka panjang dan sederhana pada aras rendah semasa tetapi masih memperolehi faedah daripada premium jangka panjang.

b. Menunggu kadar faedah meningkat yang akan mengimbangi penurunan kupon yang disebabkan oleh pemendekkan lingkungan pelaburan selari dengan masa.

Pilihan pelabur bergantung kepada keutamaan risiko yang kebiasaannya seperti berikut (Bouye dan Wang, 2015):

a. Kestabilan pendapatan melalui masa iaitu bergantung kepada keperluan aliran tunai dan pemegang amanah harta boleh menerima lebih atau kurang ketidaktentuan dalam tahun akan datang.

b. Pendapatan minimum atau pendapatan maksimum dalam beberapa kes iaitu perlu untuk menampung keperluan aliran tunai misalnya kadar faedah yang dibayar kepada bank pusat, dipindahkan kepada Kementerian Kewangan atau lain-lain jenis liabiliti atau tanggungan.

Strategi pemindahan ilmu pegetahuan boleh dilaksanakan dengan menjalankan program latihan yang melibatkan pelbagai aktiviti seperti sesi penasihatan, bengkel dan lain-lain aktiviti. Program penyebaran bahan, fasilitator, penyebaran awam dan lain-lain juga dijalankan. Strategi yang lebih inovatif seperti penggunaan bahan yang disesuaikan melibatkan buku bergambar, gambar dan lain-lain. Strategi pemindahan ilmu pengetahuan memerlukan agen pemindahan sebagai contohnya fasilitator tempatan termasuk profesional kesihatan yang menerima latihan dan memberikan latihan kepada individu lain. Di samping itu, terdapat pengajar yang menguruskan bengkel bersama dengan peserta. Terdapat sebilangan fasilitator adalah penduduk tempatan seperti wanita, ketua kampung dan individu lain yang menguruskan inventori barangan dan memindahkan nasihat asas berkenaan penggunaan ubat-ubatan yang diedarkan. Peserta yang disasarkan adalah pengguna, pesakit, golongan kanak-kanak dan penduduk kampung (Siron, Dagenais dan Ridde, 2015).

## Rumusan

Polarisasi pendapatan merupakan jurang pendapatan apabila satu peratus dalam bahagian atas kelas masyarakat mempunyai lebih banyak kekayaan (Quizlet Inc., 2018). Polarisasi merupakan penghasilan polariti satu pembahagian yang mendalam penduduk atau kumpulan kepada kumpulan yang bertentangan antara satu sama lain. Berlaku pembangunan kesusasteraan teoretikal dan empirikal berkenaan polarisasi yang menunjukkan perubahan dalam penyelidikan. Indeks polarisasi dibangunkan secara prinsip berdasarkan pergerakan dinamik taburan saiz kelas. Idea polarisasi banyak digunakan dalam bidang Sains Sosial dan indeks polarisasi sesuai dikaji dalam konteks indeks yang menunjukkan anatomi peralihan antara negara atau negeri (Anderson, 2016). Polarisasi merupakan ukuran statistik berterusan. Darjah polarisasi yang dibangunkan oleh Esteban dan Ray menunjukkan persaingan antara kumpulan. Polarisasi tinggi dihasilkan apabila dua kumpulan berbeza yang merujuk kepada kutub dengan jarak yang besar antara dua kumpulan tersebut manakala polarisasi rendah dihasilkan apabila taburan hanya mempunyai satu titik kumpulan penduduk atau jika taburan adalah tersebar secara samarata seperti satu taburan seragam (Kitahara dan Oikawa, 2017).

Masyarakat menjadi terpolar apabila individu dibahagikan ke dalam kumpulan dengan identiti kumpulan kuat dan jelas perbezaan antara kumpulan. Darjah polarisasi dalam satu masyarakat bergantung kepada kekuatan identiti kumpulan dan perbezaan antara kumpulan (Bossert dan Schwor, 2007). Polarisasi kumpulan mengukur jarak antara nod ahli dalam kumpulan tertentu dan nod bukan ahli memerlukan spesifikasi polarisasi wajar maksimum antara ahli kumpulan tertentu serta nod selebihnya. Terdapat ukuran polarisasi cuba menangani dua masalah yang mencirikan ukuran polarisasi lain iaitu pertama menggabungkan organisasi unit ke dalam kumpulan dengan sifat kumpulan (perpaduan atau keseragaman; dan kedua ialah menggabungkan pertalian antara pasangan kumpulan (jarak antara kumpulan) serta membenarkan penyelesaian kumpulan bertindan. Sebilangan besar indeks polarisasi memberikan keraguan utiliti marginal ukuran yang lain. Ukuran polarisasi baru adalah wajar untuk beberapa alasan iaitu alasan pertama kebanyakan ukuran yang sedia ada memfokuskan sifat unit atau kumpulan atau perhubungan dan organisasi serta hanya sedikit sahaja yang menggabungkan kedua-duanya sekali. Sebagai contohnya tidak terdapat ukuran polarisasi politik menggabungkan kedudukan ideologi parti dengan saiz parti (Maoz, 2011).

Kebanyakan indeks ketidaksamaan pendapatan tidak menggabungkan struktur kumpulan sosial seperti dari segi agama, keetnikan dan pendidikan dengan sifat iaitu pendapatan. Jarak antara kumpulan ini pada beberapa dimensi seperti ideologi adalah tidak menunjukkan ukuran berdasarkan sifat. Alasan kedua ialah kebanyakan ukuran polarisasi mengandaikan tugas eksogenus unit kepada kumpulan seperti gabungan, kumpulan etnik, dan gabungan proto. Andaian ini agak lemah dalam kebanyakan situasi kehidupan sebenar. Dalam kebanyakan kes identiti kumpulan adalah disebabkan struktur perhubungan antara unit. Dalam kes sedemikian ukuran perlu menunjukkan secara endogen berasal dari kumpulan dan bukan bergantung kepada tugas eksogen unit untuk mendefinisikan terlebih dahulu (Maoz, 2011).

Alasan ketiga ialah kebanyakan ukuran polarisasi diandaikan bahawa sistem adalah dibahagikan ke dalam kumpulan diskret. Walau bagaimanapun, beberapa unit mungkin tidak berada dalam mana-mana kumpulan manakala unit lain mungkin berada dalam pelbagai kumpulan. Darjah pertindanan merentas keahlian kumpulan mungkin sifat penting polarisasi. Alasan keempat ialah terdapat kekeliruan umum mengenai sempadan polarisasi. Terdapat banyak kajian mengelak makna substantif titik akhir polarisasi; yang lain gagal untuk membincangkan atas dan bawah median. Perbincangan lain pada satu titik akhir sama ada minimum atau maksimum tetapi tidak berlaku pada aspek lain. Punca ini adalah merujuk kepada kekeliruan konsepsual dan metodologikal. Penjelasan perlu diberikan berkenaan polarisasi minimum dan maksimum serta menjelaskan pengkonsepsian titik akhir secara konsep dan matematik (Maoz, 2011).

Alasan yang kelima ialah kebanyakan ukuran dalam satu dimensi; memfokuskan sama ada sifat tunggal atau pada peraturan tunggal yang menentukan unit kepada kumpulan. Unit tertentu mungkin berada dalam kumpulan berbeza apabila setiap satu kumpulan tersebut didefinisikan melalui prinsip berbeza. Tidak terdapat ukuran polarisasi yang membenarkan penggabungan dimensi pelbagai bagi tujuan jaringan yang pelbagai (Maoz, 2011).

# Bibliografi

Acharya, R. (2015). Economic polarization in Madhya Pradesh: a district wise analysis. *Journal of Glonal Economy*, 11(2).

Aderoju, A. H., Yusuf, S. A., Ogunyemi, O. I. dan Yusuf, W. A. (2017). Income polarisation among undergraduate students of University of Ibadan, *Mathematics Letters*. 3(2): 20-28. doi: 10.11648/j.ml.20170302.11

Alves, G. (2012). Fatigue rating scales in Parkinson's disease. Dalam Sampoi, C., Goetz, C. G. dan Schrag, A. *Rating scales in Parkinson's disease: clinical practice and research*. New York: Oxford University Press.

Amiel, Y., Cowell, F. dan Ramos, X. (2007). *On the measurement of polarisation: a questionnaire study*. Atas talian pada 18 April 2018, dari http://darp.lse.ac.uk/papersdb/AmielCowellRamos_(DARP90).pdf

Anderson, G. (2016). *Polarization and convergence: measurement in the absence of cardinality*. 34th IARIW General Conference, Germany, 21-27 Ogos 2016. Atas talian pada 20 April 2018, dari http://www.iariw.org/dresden/anderson.pdf

Battisti, M. dan Parmeter, C. F. (2018). *Income polarization, convergence tools and mixture analysis*. 27 Januari 2018, https://core.ac.uk/download/pdf/6627820.pdf

Benassi, C., Cellini, R. dan Chirco, A. (1999). Market power under income polarization. *Journal Of Economics*, 69(3): 289-298.

Biu.ac.il. (2018). *On the measurement of bi-polarization and polarization*. Atas talian pada 6 Mac 2018, dari https://www.biu.ac.il/soc/ec/students/teach/846/data/2011/11%20Bipolarization%20&%20Polarization.pdf

Boland, M., Sweeney, M., Scallan, E., Harrington, M. dan Staines, A. (2006). Emerging advantages and drawbacks of telephone surveying in public health research in Ireland and the U.K. *BMC Public Health*, 6(208). http://doi.org/10.1186/1471-2458-6-208

Bomsdorf, E. dan Otto, C. (2007). A new approach to the measurement of polarization for grouped data. *AStA Advances in Statistical Analysis*, 91(2): 181-196.

Borraz, F., Gonzalez, N. dan Rossi, M. (2013). Polarization and the middle class in Uruguay. *Latin American Journal Of Economics*, 50(2): 289-326.

Bossert, W. dan Schworm, W. (2007). *A class of two-group polarization measures*. Kanada: Universite de Montreal.

Bouye, E. dan Wang, T. (2015). Dynamic strategies for net income generation in a low interest rate environment. *Procedia Economics And Finance*, 29(2015): 82-95.

Brady, M. (2018). *Slavery and polarization, 1819-1860*. Atas talian pada 18 Apri 2018, dari http://www.marionbrady.com/Americanhistory/SlaveryPolarization.pdf

Bruckner, M. dan Lederman, D. (2015). Effects of income inequality on economic growth. *VOX CEPR's Policy Portal*. 7 July 2015. 25 Januari 2018, https://voxeu.org/article/effects-income-inequality-economic-growth

Brzezinski, M. (2013). *Income polarization and economic growth*. National Bank of Poland working paper, No. 147. Atas talian pada 21 Mei 2015, dari https://www.nbp.pl/publikacje/materialy_i_studia/147_en.pdf

Brzezinski, M. (2011). Statistical inference on changes in income polarization in Poland. Przegland Statystyczny. R. *LVIII – Zeszyt*, 1-2. 24 Januari 2018, keii.ue.wroc.pl/przeglad/Rok%202011/Zeszyt%201-2/2011_58-1_2_102-113.pdf

Bu-hyoung, L. dan Min, C. (2012). Economic Polarization in Korea: trends and implications.

27 Januari 2018, http://www.koreafocus.or.kr/design2/layout/contentprint.asp?group_id=104179

Burtless, G. (2014). *Globalization and income polarization in the developed countries.* Atas talian pada 3 Mac 2018, dari https://www.researchgate.net/publication /242208900_Globalization_and_Income_Polarization_in_the_Developed_Countries

Burtless, G. (2007). *Globalization and the problem of income polarization.* Atas talian pada 3 Mac 2018, dari http://www.esri.go.jp/jp/workshop/070305/070305_burtless_e.pdf

Chakravarty, S. R. dan D'Ambrosio, C. (2009). Polarization orderings of income distributions. *The Review of Income and Wealth.*

Chen, F. dan Sun, X. (2014). Urban-rural income polarization and economic growth in China: evidence from the analysis of a dynamic panel data model. *Journal Applied Economics,* 46(32).

Chuliang, L. (2010). Polarization of income distribution in China. *Chinese Journal of Population Science.* 24 Januari 2018, http://en.cnki.com.cn/Article_en/CJFDTOTAL-ZKRK201006006.htm

Clementi, F., Dabalen, A. L., Molini, V. dan Schettino, F. (2017). When the centre cannot hold: patterns of polarization in Nigeria. *Review Of Income And Wealth,* 63 (4): 608-632. DOI: 10.1111/roiw.12212

Clementi, F., Molini, V., dan Schettino, F. (2016). Polarization amidst poverty reduction: a case study of Nigeria and Ghana. 16 Januari 2017, dari www.siecon.org/online/wp-content/uploads/2016/09/CLEMENTI.pdf

Clementi, F. dan Schettino, F. (2013). *Income polarization in Brazil, 2001-2011: a distributional analysis using PNAD data.* IARIW-IBGE Confenrence on Income, Wealth and Well-being in Latin America, Rio de Janeiro, Brazil, September 11-14, 2013.

Corak, M. (2013). Income inequality, equality of opportunity, and intergenerational mobility. *Journal of Economic Perspectives,* 27(3): 79-102.

D'Ambrosio, C. dan Permanyer, I. (2018). *Measuring social polarization with ordinal and cardinal data: an application to the missing dimensions of poverty in Chile.* Atas talian pada 22 Februari 2018, dari http://www.chronicpoverty.org/ uploads/publication_files/d-ambrosio_permanyer_chile.pdf

Deutsh, J., Fusco, A. dan Silber, J. (2013). The BIP trilogy (bipolarization, inequality and polarization): one saga but there different stories. *Economics,* 7(2013-22): 0-33.

Dictionary.com. (2018a). *Polarization.* Atas talian pada 12 Februari 2018, dari http://www.dictionary.com/browse/polarization

Dictionary.com. (2018b). *Polarity.* Atas talian pada 12 Februari 2018, dari http://www.dictionary.com/browse/polarity

Doiron, D. dan Schworm, W. (2005). *Polarization in the distributions of earnings and income in Australia.* Australia: University Of New South Wales.

Duclos, J., Esteban, J. dan Ray, D. (2004). Polarization: concepts, measurement, estimation. *Econometrica,* 72(6): 1737-1772.

Duro. J. A. (2005). Another look to income polarization across countries. *Journal of Policy Modelling,* vol. 27, issue 9, 1001-1007.

Esteban, J. dan Ray, D. (2010). *Chapter 00: comparing polarization measures.* Atas talian pada 16 April 2018, dari https://www.econ.nyu.edu/user/debraj/ Papers/EstRayChapter.pdf

Esteban, J. (2005). *A comparison of polarization measures.* Atas talian pada 18 April 2018, dari http://digital.csic.es/bitstream/10261/1699/1/70007.pdf

Esteban, J., Gradin, C. dan Ray, D. (1999). *Extensions of a measure of polarization with an application to the income distribution of five OECD countries.* LIS Working Paper Series, no. 218.

Esteban, J. dan Ray, D. (1994). On the measurement of polarization. *Econometrica*, 62(4): 819-851.

Fernandez, R. M. G., Rodriguez, C. M. L. dan Gonzalez, F. P. (2015). The impact of the economic crisis on Spanish income polarization. *Estadistica Espanola*, 57(186): 49-65.

Gasparini, L., Horenstein, M., Molina, E. dan Olivieri, S. (2008). Income polarization in Latin America: patterns and links with institutions and conflict. *Oxford Development Studies*, 36(4): 461-484.

Gerber, L. M. (2014). Education, Employment, and Income Polarization among Aboriginal Men and Women in Canada. *Canadian Ethnic Studies*, 46(1): 121-144.

Gigliarano, C. dan Muliere, P. (2012). *Measuring income polarization using an enlarged middle class.* Working Paper Series, ECINEQ WP 2012 – 271, Oktober 2012, 14 januari 2018, http://webcache.googleusercontent.com/search?q=cache:http://www.ecineq.org/milano/WP/ECINEQ2012-271.pdf

Gochoco-Baustista, M. S., Bautista, C. C., Maligalig, D. S. dan Sotocinal, N. R. (2018). *Income polarization in Asia.* 22 Januari 2018, cba.upd.edu.ph/bautista/docs/polarization_aep.pdf

Gochoco-Bautista, M. S., Bautista, C. C., Maligalig, D. S. dan Sotocinal, N. R. (2012). *Income polarization in Asia.* Forthcoming in Asian Economic Papers. Atas talian pada 12 Mei 2015, dari http://cba.upd.edu.ph/bautista/docs/polarization_aep.pdf

Han, J., Zhao, Q. dan Zhang, M. (2016). China's income inequality in the global context. *Perspective in Science*, 7(March): 24-29.

Heim, K. (2000). *Time and polarity: the dimensional thinking.* Atas talian pada 12 April 2018, dari http://ethesis.helsinki.fi/julkaisut/teo/syste/vk/eerikainen/timeandp.pdf

Holzner, M. (2012). *The determinants of income polarization on the household and country level across the EU.* Wiiw Working Paper, No.93, September 2012, 15 Januari 2018, https://wiiw.ac.at/the-determinants-of-income-polarization-on-the-household-and-country-level-across-the-eu-p-2842.html

Horenstein, M. dan Olivieri, S. (2004). Income polarization in Argentina: pure income polarization, theory and applications. *Economica*. La Plata, L(Nro. 1-2): 39-66.

Hulchanski, J. D. dan Murdie, R. A. (2013). Canada's income polarization trend: an international and a four metropolitan area comparison. Neighbourhood Change & Building Inclusive Communities From Within. 17 Januari 2018, www.ourcommons.ca/Content/Committee/411/FINA/WebDoc/WD607928/411_FINA_IIC_Briefs/MurdieRobertAE.pdf

Hulchanski, J. D. (2007). The three cities within Toronto: income polarization among Toronto's neighbourhoods, 1970-2000. C*entre For Urban & Community Studies Research Bulletin 41*, December 2007: 1-12.

Hussain, M. A. dan Jonassen, A. B. (2008). *Geographical income polarization: house prices and labour market linkages.* Atas talian pada 10 Februari 2018, dari http://webcache.googleusercontent.com/search?q=cache:http://pure.sfi.dk/ws/files/233535/06_2008.pdf

Iversen, T. dan Soskice, D. (2015). Information, inequality, and mass polarization: ideology in advanced democracies. *Comparative Political Studies*, 1-33: 1-http://www.people.fas.harvard.edu/~iversen/PDFfiles/Iversen&Soskice_CPS2015.pdf

Inversen, R. R., Napolitano, L. dan Furstenberg, F. F. (2011). *Middle-income families in the* economic downturn: challenges and management strategies over time. *School Of Social Policy And Practice.* Atas talian pada 23 April 2018, dari https://repository.upenn.edu/cgi/viewcontent.cgi?article=1162&context=spp_papers

Jones, C. E. (2014). *Income polarization and the emergence of a low income skytrain corridor in Metro Vancouver, 1971-2006.* Tesis Sarjana. Atas talian pada 21 Februari 2018, https://open.library.ubc.ca/cIRcle/collections/ubctheses /24/items/1.0167002

Josifidis, K. dan Supic, N. (2018). *Income polarization of the U.S. working class: an institutionalist view.* Atas talian pada 10 Februari 2018, dari https://www.aeaweb.org/conference/2018/preliminary/paper/5G83TZHr

Keefer, P. dan Knack, S. (2000). *Polarization, politics, and property rights: links between inequality and growth.* Policy Research Working Paper 2418, August 2000. The World Bank. Atas talian pada 22 Februari 2018, https://openknowledge.worldbank.org/bitstream/handle/10986/19802/multi_page.pd f?sequence=1&isAllowed=y

Kitahara, M. dan Oikawa, K. (2017). *Technology polarization.* Atas talian pada 20 April 2018, dari https://www.aeaweb.org/conference/2017/preliminary/paper/ftBY9tsi

Kosny, M. (2012). *Economic activity, savings, credits and income polarization in Poland.* Atas talian pada 21 Februari 2018, dari https://www.researchgate.net/publication /281241190

Krejcie, R. dan Morgan, D. (1970). Determining sample size for research activities. Educational and Psychological Mesurement, 30: 607-610. Dalam Sekaran, U. dan Bougie, R. (2010). *Research methods for business 5th edition.* Great Britain: John Wiley & Sons Ltd.

Kwack, S. Y. dan Lee, Y. S. (2007). The distribution and polarization of income in Korea 1965-2005: a historical analysis. *Journal of Economic Development.* 32(2): 1-39.

Leeds, S. (2012). *The missing middle: job polarization and income inequality.* 26 Januari 2018, http://www.texasenterprise.utexas.edu/article/missing-middle-job-polarization-and-income-inequality.

Lee, J. W. (2012). *Polarization and shared growth issues in Korea.* Atas talian pada 19 April 2018, dari http://www.akes.or.kr/eng/papers(2012)/51.full.pdf

Lee, Y. dan Shin, D. (2011). *Income polarization and crime: a generalized index and evidence from panel data.* (April 11, 2011). Available at SSRN: https://ssrn.com/abstract=1845772 or http://dx.doi.org/10.2139/ssrn.1845772

Ley, D. dan Lynch, N. (2012). *Divisions and disparities in Lotus-land: socio-spatial income polarization in Greater Vancouver, 1970-2005.* Research Paper 223, Cities Centre, University of Toronto, Ogos 2012. http://neighbourhoodchange.ca/wp-content/uploads/2012/08/d5c3c1b62f243959bac02c874c633852.pdf

Lindqvist, E. dan Ostling, R. (2008). *Political polarization and the ize of government.* SSE/EFI Working Paper Series In Economics And Finance No. 628.

Maoz, Z. (2011). *Network polarization.* Open SIUC Conference Proceeding, Paper 25. Atas talian pada 17 April 2018, dari http://opensiuc.lib.siu.edu/cgi/viewcontent.cgi? article=1025&context=pnconfs_2011

Marshall, M., Lockwood, A., Lewis, S. dan Fiander, M. (2004). Essential elements of an early intervention service for psychosis: the opinions of expert clinicians. *BMC Psychiatry*, 4(17). http://doi.org/10.1186/1471-244X-4-17

Mogues, T. dan Carter, M. R. (2005). Social capital and the reproduction of economic inequality in polarized societies. *The Journal of Economic Inequality*, 3(3):193-219.

Muhammad Faraz Riaz, Sofia Anwar dan Samia Nasreen. (2015). Polarization: its determinants and decomposition overtime in Pakistan. *International Journal of Social Ecology and Sustainable Development*, 6(4).

Mussini Mauro. (2016). On measuring income polarization: an approach based on regression trees. Statistics in transition new series http://yadda.icm.edu.pl/yadda/element/bwmeta1.element.desklight-19622413-808f-4bf5-9cf0-9e1576e51074

Nazul Izwan. (2018). *PBT-PPinang-pdf.* Atas talian pada 6 Mei 2018, dari https://www.scribd.com/document/377985349/PBT-PPinang-pdf

New World Encyclopedia. (2017). *Philosophy.* Atas talian pada 3 April 2018, dari http://www.newworldencyclopedia.org/entry/Philosophy

Onu, V. dan Onu, A. J. C. (2018). Urban residential housing and low-income earners: a study of Makurdi Metropolis, Benue State, Nigeria. *European Scientific Journal.* 8(28): 231-246.

Ostby, G. (2008). Polarization, horizontal inequalities and violent civil conflict. *Journal of Peace Research.* 45(2): 143-162.

Palacios-Gonzalez, F. dan Garcia-Fernandez, R. M. (2018). *A multiresolution analysis of income polarization.* Atas talian pada 2 Mac 2018, dari https://www.diw.de/documents/dokumentenarchiv/17/diw_01.c.57620.de/garcia-fernandez.pdf

Parrot, J. A. (2013). *Patterns of income polarization in New York City.* Atas talian pada 3 Mac 2018, dari http://fiscalpolicy.org/wp-content/uploads/2013/10/Patterns-of-Income-Polarization-NYC-American-Sociological-Assoc-Aug-2013.pdf

Pmr.penerangan.gov.my. (2008). *Wilayah ekonomi koridor utara (NCER).* Atas talian pada 1 Mei 2018, dari http://pmr.penerangan.gov.my/index.php/ekonomi/5701-wilayah-ekonomi-wilayah-utara.html

Polgar, S. dan Thomas, S. A. (2008). *Introduction to research in the health sciences 5th edition.* USA: Elsevier.

Portal Rasmi Jabatan Perangkaan Malaysia. (2011).

Quizlet Inc. (2018). *Sociology.* Atas talian pada 23 April 2018, dari https://quizlet.com/66761994/sociology-flash-cards/

Rafat Mahmood dan Muhammad Idrees. (2010). Income polarization in Pakistan: measurement and decomposition. *Pakistan Economic and Social Review.* 48(2): 225-244.

Richiardi, P. S., Corley-Coulibaly, M. dan Kashef, H. (2013). Income distribution and middle-income groups across the world. *World Employment and Social Outlook,* 2013(1): 27-44.

Saczewska-Piotrowska, A. dan Wasowicz, J. (2017). *Income polarization in rural and urban areas.* Atas talian pada 6 Mac 2018, dari cejsh.icm.edu.pl/cejsh/element/bwmeta1.element.cejsh-19015a9e-1111.../11.pdf

Schmidt, A. (2018). *Statistical measurement of income polarization. A cross-national comparison.* Atas talian pada 16 April 2018, dari https://econpapers.repec.org/cpd/2002/95_Schmidt.pdf

Scribd.com. (2018). *Mukim_Kedah - Scribd.* Atas talian pada 6 Mei 2018, dari https://www.scribd.com/document/338617187/Mukim-Kedah

Seto, K. C., Parnell, S. dan Elmqvist, T. (2013). A global outlook on urbanization. Dalam Elmqvist, T., Frangkias, M., Goodness, J., Guneralp, B., Marcotullio, P. J., McDonald, R. I., Parnell, S., Schewenius, M., Sendstand, M., Seto, K. C. Dan Wilkinson, C. U*rbanization, biodiversity adn ecosystem services: challenges and opportunties.* London: Springer.

Sincero, S. M. (2017). *Telephone survey.* Atas talian pada 20 Ogos 2017, dari https://explorable.com/telephone-survey

Sipikalova, S. (2018). *Income inequality and income polarisation in Slovakia.* 15 Januari 2018, kdem.vse.cz/resources/relik16/download/pdf/13-Sipikalova-Silvia-paper.pdf.

Siron, S., Dagenais, C. dan Ridde, V. (2015). What research tells us about knowledge transfer strategies to improve public health in low-income countries: a scoping review. *International Journal Of Public Health*, 60(7): 849-863.

Statistics How To. (2017). *Cronbach's Alpha: simple definition, use and interpretation.* Atas talian pada 20 September 2017, dari http://www.statisticshowto.com/cronbachs-alpha-spss/

Thampi, A. dan Anand, I. (2017). *Income inequality and polarization in India: the role of caste.* Conference On Experiences And Challenges In Measuring Income, Inequality, and Poverty In South Asia, November 23-25, 2017, New Delhi, India.http://www.iariw.org/India/thampi.pdf

Thompson, J. W. (1968). Discussion: Polarity in the social sciences and in physics. *Philosophy of Science, 35*(2), 190-194. http://dx.doi.org/10.1086/288203

Timberlake, M., Sanderson, M. R., Ma, X., Derudder, B., Winitzky, J. dan Witkox, F. (2012). Testing a Global City Hypothesis: An Assessment of Polarization across U.S. *Cities City & Community*, 11 (1: 2012): 74-93, doi:http://dx.doi.org/10.1111/j.1540-6040.2011.01394.x

Unit Perancang Ekonomi Negeri. (2010). *Rancangan Malaysia Kesepuluh 2011-2015.* Atas talian pada 9 Jun 2015, dari http://www.pmo.gov.my/ dokumenattached/RMK/ RMK10_Mds.pdf

Viollaz, M., Olivieri, S. dan Alejo, J. (2009). *Labor income polarization in greater Buenos Aires.* Atas talian pada 21 Februari 2018, https://mpra.ub.uni-muenchen.de/42944/1/MPRA_paper_42944.pdf

Waks, A., Dinca-Panaitescu, M. dan Simone, D. (2016). *Income inequaliy and polarization in the city of Toronto and York region.* Canada: Neighbourhood Change Research Partnership.

Wang, J., Caminada, K., Goudswaard, K. dan Wang, C. (2017). Income polarization in European countries and Europe wide, 2004-2012. *Cambridge Journal Of Economics*, bex065. Doi: https://doi.org/10.1093/cje/bex065

Wang, J., Caminada, K. dan Wang, C. (2017). Measuring income polarization for twenty Europen countries, 2004-13: a shapley growth-redistribution decomposition. *Eastern European Economics.* Doi: 10.1080/00128775.2017.1345637.

Wang, J., Caminada, K., Goudswaard, K. dan Wang, C. (2015). Decomposing income polarization and tax-benefit changes across 31 European countries and Europe wide, 2004-2012. Atas talian pada 29 Januari 2018 dari https://mpra.ub.uni-muenchen.de/66155/1/MPRA_paper_66155.pdf

Weir, M. (2002). *Income polarization and California's social contract.* Amerika Syarikat: The State of California Labor.

Whalen, C. T., Helen Russell dan Bertrand Maitre (2016). Economi stress and the great recession in Ireland: polarization, individualization or 'middle class squeeze'? *Social Indicators Research*, 126(2): 503-526.

White, M. J., Muhidin, S., Andrzejewski, C., Tagoe, E., Knight, R., & Reed, H. (2008). Urbanization and Fertility: An Event-History Analysis of Coastal Ghana. *Demography, 45*(4): 803–816.

Yiengprugsawan, V., Caldwell, B. K., Lim, L. L. Y. Seubsman, S. dan Sleigh, A. C.

(2011). Lifecourse Urbanization, Social Demography, and Health Outcomes among a National Cohort of 71,516 Adults in Thailand. *International Journal of Population Research*, 2011(Article ID 464275): 9. doi:10.1155/2011/464275

Yitzhaki, S. (2010). Is there room for polarization? *The Review Of Income And Wealth*, 56(1): 7-22.

# Indeks

Agama – 10, 25

Aksiom – 10, 12, 13, 29

Alfa Cronbach – 40, 47

Bandar – 1, 6, 14

Bi-polarisasi – 3

Demografi – 35, 40, 45

Ekonomi – 1, 4

Elit – 40, 41

Falsafah – 25, 26

Impak – 11, 14, 66, 67

Indeks – 3, 12, 71

Julat – 5, 27, 32

Kebolehpercayaan – 40

Kekerapan – 30

Kesahan – 44

Mahir – 16

Median – 4

Min – 45, 46

Mod – 45, 46

Pengukuran – 3, 4

Peratusan – 10, 45, 46

Pola – 36, 49, 50

Polarisasi pendapatan – 2, 3, 5

Prinsip – 1, 30

Ras - 27

Soal selidik – 37, 38

Subkumpulan – 1, 29

Tinjauan – 6, 20

Trait – 40, 42

Ulasan karya – 6

www.ingramcontent.com/pod-product-compliance
Lightning Source LLC
Chambersburg PA
CBHW052341100426

42736CB00046B/3334